I0240241

www.ingramcontent.com/pod-product-compliance
Lightning Source LLC
Chambersburg PA
CBHW081300170426
43198CB00017B/2856
9781771435178

My Guide Inside (Book I) Primary Teacher's Manual
Hebrew Language Edition

המדריך הפנימי שלי
להכיר את עצמי ולהבין את עולמי
ספר 1

מדריך למורה

כריסטה קמפסול
עם
קת'י מרשל אמרסון

תרגום: אביבה פשחור

CCB Publishing
British Columbia, Canada

My Guide Inside (Book I) Primary Teacher's Manual Hebrew Language Edition
המדריך הפנימי שלי
להכיר את עצמי ולהבין את עולמי
ספר 1
Copyright © 2018, 2022 by Christa Campsall – http://www.myguideinside.com
ISBN-13   978-1-77143-517-8
First Edition

Library and Archives Canada Cataloguing in Publication
Title: My guide inside (book I) primary teacher's manual Hebrew language edition / by Christa Campsall with Kathy Marshall Emerson, translated by Aviva Pashchur.
Names: Campsall, Christa, 1954-, author.
Issued in print and electronic formats.
ISBN 9781771435178 (softcover) | ISBN 9781771435185 (PDF)
Additional cataloguing data available from Library and Archives Canada

My Guide Inside® is a registered trademark of Christa Campsall (3 Principles Ed Talks)
Authored With: Kathy Marshall Emerson
Conceptual Development: Barbara Aust and Kathy Marshall Emerson
Design: Josephine Aucoin
Production: Tom Tucker
Webmaster: Michael Campsall
Stock Images: Shutterstock
Translation: Aviva Pashchur
Editing: Orit Eshel PhD.

Extreme care has been taken by the author to ensure that all information presented in this book is accurate and up to date at the time of publishing. Neither the author nor the publisher can be held responsible for any errors or omissions. Additionally, neither is any liability assumed for damages resulting from the use of the information contained herein.

All rights reserved. No part of this work covered by copyright herein may be reproduced or used in any form or by any means—graphic, electronic or mechanical—without the prior written permission of the author, except for reviewers who may quote brief passages. Any request for photocopying, recording, taping or storage on information retrieval systems for any part of this work shall be directed in writing to the author at myguideinside.com

למה ינשוף?

לאורך השנים כמורה, קיבלה כריסטה ינשופים שונים כמתנה. היא אוהבת אותם כסמל לחכמה שכולנו חולקים. החל מימי קדם ולאורך ההיסטוריה, תרבויות שונות ראו בינשוף עוף הקשור לחכמה והדרכה. עיני הינשוף העגולות והגדולות מסמלות ראיית ידע. למרות שלעיתים הוא מקושר לרעיונות אחרים, בשל הקשר לחכמה, להדרכה ולראיית ידע, נבחר הינשוף כסמל הגרפי של המדריך הפנימי שלי. כריסטה מקווה שפרשנות זו משמעותית גם עבורכם. מי שיצר את הגרפיקה של המדריך הפנימי הוא אחד מתלמידיה לשעבר של כריסטה שהינו גרפיקאי כיום, ג'ו אוקין.

Publisher: CCB Publishing
             British Columbia, Canada
             www.ccbpublishing.com

תוכן עניינים

תוצאות: עדויות תלמידים	IV
מבוא	V
מטרות המדריך הפנימי שלי	VI
מילות עידוד למורים	1
סקירה כללית להוראת המדריך הפנימי שלי	2
שיתוף העקרונות בתכניות לגיל הרך	5
מבוא למטרות ומערכי שיעורים	7
מערך שיעור פרק 1 - גלו את המדריך הפנימי שלכם	8
מערך שיעור פרק 2 - הרגשות שלי נובעים ממחשבה	10
מערך שיעור פרק 3 - האושר בתוכי	12
מערך שיעור פרק 4 - מהירים וסוערים או רגועים וסקרנים	14
מערך שיעור פרק 5 - ליהנות מחברות	16
מערך שיעור פרק 6 - להרגיש סבבה היום	18
מערך שיעור פרק 7 - לראות את האחר ולעזור לו	20
מערך שיעור פרק 8 - להכיר את עצמנו	22
מערך שיעור פרק 9 - מילים גנדרניות	26
הערכה ותצפית	27
שילוב המדריך הפנימי שלי במערכת החינוך	32
בהקשר הנוכחי של מדיניות החינוך	32
יעדי למידה חינוכיים ומיומנויות	34
משאבים נוספים	36
המפ"ש בהקשר של מחקרים ותיאוריות עדכניות	39
תודות	43
סקירה כללית של תכנית הלימודים המקיפה של המדריך הפנימי שלי	44
אודות המחברות	44
מה אומרים אנשי מקצוע על המדריך הפנימי שלי	46

תוצאות: עדויות תלמידים

תלמידים בגילאי 5-7, שזכינו לעבוד עמם, מתארים את חוויותיהם מלימוד העקרונות שהמדריך הפנימי שלי בוחן.

- "החכמה לוחשת לי."
- "הדבר הטוב ביותר שלמדתי היה שהמדריך הפנימי שלי פותר את כל הבעיות שלי. והבעיה שלי הייתה שדאגתי יותר מדי."
- "למדתי להקשיב לקול הקטן בתוכי."
- "למדתי שלכל אחד יש מדריך פנימי. אם תשתמשו בו, תעשו את הבחירה הנכונה."
- "למדתי לא להסתבך בסכסוך."
- "למדתי שאפשר להיות חברים טובים גם כשלא מסכימים."
- "הדבר הטוב ביותר שלמדתי זה להישאר רגועה וסקרנית במקום מהירה וסוערת."
- "הדבר הטוב ביותר שלמדתי היה שלהיאחז במחשבות רעות זה לא טוב."
- "הדבר הטוב ביותר שלמדתי היה להיפטר ממחשבות רעות. אני מניח להם לחלוף."
- "למדתי שהשמש תמיד זורחת, גם אם מסתיר אותה ענן כבד ושחור."
- "אני יכולה לשלוט בעצמי ולהיות פחות מוסחת."
- "אני סומך על מה שאני חושב ומרגיש טוב עם זה. אני מרגיש אמיץ יותר. אתם צריכים לסמוך ולהיות אמיצים."
- "הדבר הטוב ביותר שלמדתי הוא שלהרגיש סבבה זה טבעי."

מבוא

אם אתם קוראים ספר זה, זה אומר שאתם והתלמידים שלכם יוצאים לתהליך משנה חיים יוצא דופן. אני פסיכיאטר, זקן מספיק כדי להיות הסבא של התלמידים שלכם. אני רוצה לחלוק איתכם מסר אישי מאד.

במהלך חיי, נאלצתי למעוד ולפול, תוך כדי שאני עושה כמיטב יכולתי מתוך ההבנה המוגבלת שהייתה לי על הטבע האמיתי שלי. לא ידעתי כיצד נוצרת החוויה שלי מרגע לרגע. לא היה לי שמץ של מושג שיש לי בהישג יד חכמה שזמינה תמיד ויכולה להדריך אותי בכל האתגרים בחיי.

ביליתי 26 שנות לימוד כדי להפוך לפסיכיאטר, אבל לא למדתי דבר על בריאות נפשית אמיתית. במשך שנים רבות, בעת שטיפלתי במטופלים, הייתי בעצמי שרוי בדיכאון.

אבל התמזל מזלי! נקרתה בפני ההזדמנות ללמוד את שלושת העקרונות וחיי האישיים ועבודתי הקלינית השתנו לנצח. תסמכו עלי, הבנת שלושת העקרונות של תודעה, מחשבה ומודעות ושיתופם עם התלמידים שלכם - שהינם מטרת המדריך הפנימי שלי - הם מתנות יקרות ומשנות חיים מהסדר הגבוה ביותר!

עקרונות אוניברסליים אלה יערכו לתלמידים שלכם היכרות עם הטבע האמתי שלהם ועם טבע החוויה שלהם – הנוצרת תמיד 'מבפנים החוצה'. המדריך הפנימי שלי מכוון את התלמידים להדרכה פנימית אינסופית ותמיד-נוכחת של חכמה. שיעורים אלה, שלא יסולאו בפז, יעמדו לרשותם לשאר חייהם, בכל פעם שיעמדו בפני אתגרים וחוסר וודאות!

כשהייתי בן שש ואחי בן שלוש, הוא הסיר את ידיו מבקבוק הקוקה קולה שלו ואחז בקשית שהייתה בבקבוק. הוא הביט בהפתעה, במורת רוח ובבלבול כשהבקבוק התנפץ ותוכנו ניתז לרצפה. מעולם לא שכחתי את עיקרון כוח הכבידה.

אני משתף אתכם כאדם שעבר את שנות הנעורים בעצמו; כאב, שעזר בגידול ארבעה ילדים וכפסיכיאטר עם יותר מ-40 שנות ניסיון והסמכת מועצה בפסיכיאטריה של גיל ההתבגרות, שסייע להמון לקוחות מתבגרים בדרכם לבגרות. חלמתי על יום בו תהיה לילדים צעירים את הזדמנות הלמידה שאתם נותנים להם.

הבנת עקרונות הבריאות הנפשית עושה הבדל גדול גם כן!!! תודה לכם על ליווי התלמידים שלכם במסעם אל האושר!

ד"ר וויליאם (ביל) פטיט, MD
פסיכיאטר

מטרות המדריך הפנימי שלי

העקרונות שד"ר פטיט מתייחס אליהם פועלים בכל בני האדם, כולל כל ילד. תכנית הלימודים של *המדריך הפנימי שלי* (*להלן מפ"ש*) מכוונת לדרך של שלמות, אושר, יצירתיות ורווחה בכל תחומי חייו של כל תלמיד.

לפיכך, ל*מפ"ש* שתי מטרות אקדמיות עבור התלמידים: **(1)** שיפור הרווחה האישית שלהם מתוך הבנת עקרונות אלה ו-**(2)** פיתוח מיומנויות בתחום התקשורת, החשיבה והאחריות האישית והחברתית. *המדריך* משיג את שתי המטרות האלה באמצעות סיפורים, דיונים ופעילויות כתיבה ויצירה שונות, תוך כדי שהלמידה מפתחת את מיומנויות השפה של התלמידים.

גילוי המדריך הפנימי האישי משחק תפקיד מרכזי בלמידה ומשפר את יכולת התלמידים לקבל החלטות, לנווט בחיים ולבנות מערכות יחסים בריאות. גישה לחכמה טבעית תשפיע לחיוב על רווחתם האישית והרוחנית, על אחריותם האישית והחברתית, ועל זהותם האישית והתרבותית. למידה חברתית ורגשית, כמו גם נחישות, ויסות עצמי ומסוגלות עצמית, הן תוצאות טבעיות של מודעות גדולה יותר.

מילות עידוד למורים

ברוכים הבאים לחוויה חדשה ונפלאה החולקת את העקרונות שד"ר פטיט מדבר עליהם, המכונים בדרך כלל שלושת העקרונות, עם התלמידים שלכם. הקדשתי את כל קריירת ההוראה שלי להצגת העקרונות הללו בפני תלמידים ומחנכים. ההערות בתחילתו ובסופו של *המפ"ש* I הן של חלק מתלמידי ושל עמיתי למקצוע. גם אתם יכולים להשפיע כך! הפיחו חיים במילים של *המפ"ש* והשתמשו באופן חופשי במערכי השיעורים ובהנחיות למורים.

כמורה-עמיתה, אני מזמינה אתכם ואכן ממליצה לכם בחום לגלות את המדריך הפנימי שלכם עצמכם. המילים שנכתבו כאן, הגם שנכתבו עבורכם ועבור תלמידכם במחשבה רבה, הן רק "הד של אמת."

כמו כל אחד אחר בתחום החינוך, גם אני הייתי צריכה למצוא את דרכי. ב-1975, הייתי מורה חדשה עם ארגז כלים ומיומנויות עדכניים ותשוקה עזה לעזור לתלמידים מתקשים. ובכל זאת, שקלתי מחדש את בחירת הקריירה שלי כי למרות התשוקה שלי, לא הצלחתי לחדור לליבם של תלמידים עם אתגרים רציניים. ככל שניסיתי, לא הצלחתי להגיע לילדים.

מה עשה את ההבדל? שמיעת אמיתות העקרונות הללו. הגעתי להבנת מקור החכמה והרווחה הפנימיות הטבעיות. שיעור ההצלחה שלי בנגיעה בתלמידים האלה נסק. הייתי צריכה למצוא בעצמי את "החוליה החסרה", וכך התחיל מסע הלמידה של חיי שהתמקד בהמרצת התודעה האינטואיטיבית – החכמה – *המפ"ש*.

הכרת המדריך הפנימי היא בעלת ערך לכל הלומדים. עם זאת, היא חיונית במיוחד עבור תלמידים מתקשים. הם זקוקים לידע ולהבנה כדי לחוות חיים בריאים. תכנית לימודים זו מיועדת לתלמידים שלכם עם פעילויות שניתנות להערכה ולדיווח על התקדמות, אולם היא מיועדת גם לתלמידים סקרנים שחקירתם אינה מבוססת על צורך בציונים.

כשאנחנו לומדים עקרונות אלה, אנו מגלים שאין סוף לחכמה הפנימית שמביאה שמחה וחמלה לחיים. כפי שמדגיש הסופר סידני בנקס, "אלה שמצאו איזון בין האינטליגנציה שלהם לחכמתם המולדת הם בני המזל." (1998, p. 133) בואו נכלל עם בני המזל!

הפיחו חיים במילות *המפ"ש*. שעור ההצלחה ושביעות הרצון שלכם יגדלו בהרבה. בסופו של דבר, תרגישו טוב יותר כשתתנסו בעולם חדש. כעמיתה שרוצה תמיד לשתף את מה שעובד, אני מאיצה בכם לגשת לדפי המקורות המומלצים והמשך הלמידה למחנכים הכלולים במדריך. אנא, חקרו. משאבים אלה הם הבסיס למדריך הפנימי שלי. הוראה מאושרת!

בברכה חמה,
כריסטה קמפסול

סקירה כללית להוראת המדריך הפנימי שלי

כאשר אתם מתכוננים לחלוק את תכנית לימודים זו עם תלמידכם, ישנם כמה שיקולים מרכזיים העשויים לשפר מאד את התמיכה שתקבלו מעמיתכם ומצוות ההנהלה בבית הספר שלכם, כמו גם את ההשפעה שתהיה לכם על תלמידיכם. למדנו לאורך השנים שהמידע הבא עשוי להועיל מאד.

יסודות תכנית הלימודים במחקר

תכנית לימודים אחראית חייבת להיבנות על הבנה מוצקה של המחקר החינוכי העדכני. ישנם מחקרים רבים שיש לקחת בחשבון. לשם הפשטות בחרנו להדגיש מדגם אחד של קבוצת מחקרים משמעותיים עדכניים. (ראו **המפ"ש בהקשר של מחקרים ותיאוריות עדכניות** בהמשך מדריך זה לדיון ולרישום מפורט של פרסומים מדעיים בנושא.)

ג'ון האטי הוא בעל תואר דוקטור מאוניברסיטת טורונטו והוא פרופסור לחינוך ומנהל המכון לחקר החינוך באוניברסיטת מלבורן, אוסטרליה. הוא שימש גם כפרופסור לחינוך, מנהל אדמיניסטרטיבי ומנהל מחקר באוניברסיטאות שונות בקנדה, ניו זילנד וארה"ב. הוא מייעץ למוסדות וארגוני מפתח ברחבי העולם. ד"ר האטי ביצע את הסינתזה הגדולה ביותר אי פעם של מטה-אנליזות של מדדים כמותיים של השפעת גורמים שונים על תוצאות חינוכיות. מחקריו של האטי זכו לפרסום רב והוא ידוע ביותר בספריו 'הלמידה הגלויה'. מתודולוגיות המחקר הכמותיות שלו מתעדות את ההשפעות על הישגי התלמידים המתוארות להלן.

ג'ון האטי וצוותו בחנו עד 2015 מעל 1200 מטא-אנליזות הקשורות להשפעות על הישגי התלמידים. מטא-אנליזות אלה בחנו יותר מ-65,000 מחקרים, 195,000 "גדלי האפקט" וכרבע מיליון סטודנטים ברחבי העולם. האטי שאף לגלות מה באמת ממקסם את למידת התלמידים והישגיהם (Hattie 2015). על מנת לענות על שאלה זו האטי זיהה את "גודל האפקט" מהגדול ביותר לקטן ביותר הנובע מהתכניות החינוכיות, המדיניות וההתערבויות החדשניות.

באופן כללי, סיפור המחקר העולמי העצום של 'הלמידה הגלויה' שנחשף על ידי ג'ון האטי "טוען שתוצאות ומעורבות התלמידים הן מקסימליות כאשר מורים רואים הוראה ולמידה דרך עיני תלמידיהם, וכאשר התלמידים הופכים למורים של עצמם."(Hattie, 2015, p. 79.)

דוח אחרון* עם דירוגים בין 1.62 עד 0.42-, מציין שאלו הם שלושת "גדלי האפקט" הגבוהים ביותר המשפיעים על הישגי התלמידים:

1 - הערכות המורים לגבי הישגי התלמידים 1.62

2 - יעילות המורים הקולקטיבית 1.57

3 - ציונים מדווחים עצמאית 1.33

כשמסתכלים דרך עדשות שלושת העקרונות, אנשי חינוך מבינים את ההשפעות האלה בדרך זו:

1 – "הערכות המורים לגבי הישגי התלמידים" פירושה השקפת מורה בודדת שכל תלמיד יכול להגיע להישגים/ללמוד; המורה רואה במדויק היכן התלמיד נמצא בהווה ואז מקבלת תובנות המגלות לה כיצד לקדם את התלמיד. כפי שכותבת ברב אוסט, "אין תלמידי "פח זבל". אנו מגיעים אליהם על ידי "הוראה ברגע הנוכחי." (Aust, 2013, 2016)

2 – "יעילות המורים הקולקטיבית" מתייחסת למורים בבית ספר או בצוות החושבים, בביטחון שביכולתם הלכה למעשה להצליח ללמד ולהגיע לכל תלמידה ותלמיד. הם סומכים זה על זה להוסיף לפיתוח הפתרון.

3 – "ציונים מדווחים עצמאית" היא ההשפעה המתייחסת למידת הידיעה של התלמידה שהיא מסוגלת ללמוד בהצלחה וידיעה זו מגשימה את עצמה. כאשר תלמידה לומדת לשחרר חשיבת "אני לא יכולה ללמוד", מוטיבציה פנימית מניעה אותה. אין זה מפתיע שגודל האפקט זה מדורג כל כך גבוה.

בנוסף, ההשפעה השלילית ביותר על הישגי התלמיד היא **דכאון התלמיד עם 'גודל האפקט' 0.42-**. ההשפעה של רווחת התלמיד על הישגיו האקדמיים לא יכולה להיות ברורה יותר!

מה משנה באמת? חשיבת התלמיד והמורה משחקת תפקיד קריטי. לדוגמא, האטי כותב:

"זה פחות מה שהמורים עושים כשהם מלמדים, אלא יותר איך הם חושבים על תפקידם. הלך רוחם או דרכי החשיבה שלהם על הוראה ולמידה הם הקריטיים ביותר."

(Hattie, 2015, p. 81.)

תכנית הלימודים של *המדריך הפנימי* מכוונת את המורים והתלמידים מעבר לאמונה לתוך הידיעה שזו האמת – שכל תלמיד יכול ללמוד וכל מורה יכול לגלות תובנות וחכמה שידריכו אותו להוראה אפקטיבית. מסוגלות עצמית הן של התלמיד והן של המורה מתרחשת באופן טבעי כאשר מתגלה להם טבעם ה'מבפנים החוצה' של החיים.

---

*דירוגים אלה זמינים באופן חזותי באתר:

www.visiblelearning.org/nvd3/visualize/hattie-rank- ing-interactive-2009-2011-2015.html.

חשוב גם להבין שמכיוון שמחקרו של ג'ון האטי נמשך ללא הגבלת זמן, דירוגי 'מידות ההשפעה' המדויקות ואף הגדרות ההשפעות ישתנו מעט. לדוגמא, בשנת 2016 ג'ני דונוהו תיארה את יעילות המורים הקולקטיבית ב- 1.57 כהשפעה המשפיעה ביותר (Donohoo, p. 6). למרות פרשנויות שונות, אנו מרגישים שגורמים מזוהים מרכזיים תואמים היטב את הבנת שלושת העקרונות שלנו.

הצעות לשימוש במדריך הפנימי שלי

המפ"ש מבוסס על שלושה עקרונות יסודיים, המכונים **תודעה, מודעות ומחשבה** שהם הבסיס לכל החוויה האנושית. שלושת העקרונות הללו, אותם הבין וניסח סידני בנקס, מציעים דרך פשוטה ומלאת תקווה לילדים, נוער וממבוגרים להגיע להבנת אופן פעולתם הנפשית, מבפנים החוצה. הבנה זו ממקסמת רווחה אישית ומשפרת את האקלים הבית ספרי כמו גם את התנהגות התלמידים וביצועיהם.

"תודעה + מודעות + מחשבה = מציאות" (Banks, 2005, p. 42)

תכנית לימודים זו יעילה ביותר כאשר המבוגרים המשתמשים בה מכירים באופן אישי את העקרונות הללו, חיים מתוכם ולמדו לסמוך על המדריך הפנימי שלהם עצמם. עם הכוונה של מורים כאלה, ילדים מגלים בטבעיות ובקלות את השכל הישר של העקרונות. כל אחד מאיתנו רוצה ללמוד ולהיות מאושר. זו הזדמנות גם עבורנו ללמוד מהילדים ואיתם! באופן כללי, יתכן שיהיה חשוב לקחת בחשבון את הנקודות הבאות:

שימוש מיועד

תכנית הלימודים של *המפ"ש*, הכוללת שעורים מבוססי סיפור, מיועדת לשימוש בבית ספר או בבית או בכל מקום שחשוב להביא תקווה לתלמידים. *המפ"ש* - ספר התלמיד I מיועד להצלחת התלמידים בהקשר זה:

רמת קריאה: "קלה לקריאה" (גילאי 6-8, כיתות ב'-ג')

רמה השתתפות אידיאלית: ביניים (גילאי 4-8, טרום גן חובה-גן חובה-כיתה ג')

גמישות: קורס רגיל או מותאם ללומדים באופן פרטני

מסגרת: כיתה, קבוצות קטנות, או הוראה פרטנית

פורמט: כולל גם תלמידים בהכוונה עצמית העובדים באופן עצמאי

זמן אידיאלי: התחלה של תכנית או שנת לימודים לבניית קהילה וטיפוח אופטימיות

תכנון מסגרת הזמן

כל אחד מהפרקים דורש שני מפגשים של כ-30 דקות כל אחד. זה מאפשר זמן לקריאה, דיון, בניית אוצר מילים, התבוננות וכתיבת רשומה ביומן. כל פעילות נוספת שתיבחר ללוות את השיעור תדרוש זמן נוסף. מגוון רחב של פעילויות מרתקות מוצעות בכל פרק. פרק 9 מציע הגדרות למילים הגנדרניות המשמשות ב*מפ"ש* I.

גמישות ומערכי שיעור

מטרת ההוראה העיקרית היא לקיים דיונים בכיתה אשר מטפחים את מודעות הלומדים לחכמה פנימית מולדת המכונה בתכנית זו *המפ"ש*. אנו יכולים לגלות חכמה פנימית באמצעות שיתוף רעיונות התמונה הגדולה. תכנית לימודים זו נועדה להיות קרש קפיצה! ניתן להשתמש בפרקים כסדרם או בכל סדר המתאים לכם. ייתכן שיש לכם סיפורי עקרונות משלכם שתרצו לשתף. התובנות שלכם יובילו להבנה עמוקה יותר. היו גמישים. לכו עם מה שאתם יודעים לעשות.

מערכי השיעור אינם מפרטים מה לכלול בשיעור. האפשרויות מוצעות במלואן בספר התלמיד עם סיפורים, פעילויות, ומשאבים ספציפיים עבור כל שיעור. ניתן לכוון את התלמידים לדיון, לבניית אוצר מילים, לרישום ביומנים ולהרחבת חשיבה ותקשורת. מערכי השיעור של *המפ"ש* כן מספקים פרטים על האופן בו ניתן להתאים

כל פרק להתקדמות האקדמית של התלמידים. המערכים מציעים כיצד להשיג התקדמות וכיצד ניתן לעקוב אחריה בעת ביצוע השיעורים בפועל. תכנון זה מציע למורים הזדמנות להיות המעריכים שלהם עצמם. כפי שג'ון האטי מציע בחום: "דעו את ההשפעה שלכם!"

מערכי השיעורים וספר התלמיד I של *המפ"ש* יחדיו מציעים דרך לחלוק את העקרונות כך שהלמידה בתחומים חשובים רחבים – יעדי *המפ"ש* למודעות ואחריות לרווחה אישית – יושגו. אין צורך בתכנון ממצה, פשוט קראו את הפרקים המאורגנים באופן הגיוני והמשיכו. קל להשתמש בשיעורים. לפרטים ספציפיים, ראו מבוא למטרות ומערכי שיעורים.

ניתן להשתמש בערכה כיתתית של ספרי לומדים של *המפ"ש* שנה אחר שנה. לחלופין, במידת האפשר, עדיף לספק את ספר התלמיד של *המפ"ש* לכל תלמיד כדי שיוכל לגשת ולהוסיף לחקור את נושאי המפתח.

הערכה

ההוראה נועדה להשפיע באופן מדיד על התלמידים ולשפר את חייהם. תחת סעיף "מדדים להערכה" תמצאו שלושה טפסים, עם הוראות. כלים אלה כוללים: דפי הערכה "לפני" ו"אחרי", מדדי הערכה לפעילויות, "תצפיות בזק" של המורה על התלמיד.

אתר אינטרנט משלים למדריך הפנימי שלי

אתר *המפ"ש* כולל כלי הערכה: דפי הערכה "לפני" ו"אחרי", מדדי הערכה לפעילויות, "תצפיות בזק" של המורה על התלמיד. משאבים אלה נמצאים ב- myguideinside.com/primary. ראו את הלשונית עליה כתוב Primary. אין צורך בקוד גישה.

לומדים, חיים, משתפים

ההרגשה שאתם מביאים לכיתתכם מדי יום היא "תכנית הלימודים החיונית" - המשאב הגדול ביותר שיש לכם להשפיע ישירות על התלמידים. במילים אחרות, למידה מאפשרת לכם "לחיות את העקרונות", בכך שאתם נמצאים בהוויה שיתופית באופן טבעי ומשתפים חמלה, הבנה ושמחה בכיתתכם. ברגע שתהיו לא פורמליים וטבעיים, תשתפו את העקרונות באמצעות הרגשה חיובית. זה ישפר ויעצים את התלמידים יותר מכל שיתוף פורמלי שתוכלו לעשות באמצעות שיעורים אלה. ההבנה העמוקה שלכם של עקרונות אלה תאפשר לכם להפיק את המיטב מכל התלמידים.

אני אסירת תודה לעמיתתי קת'י מרשל אמרסון, שהציגה את שלושת העקרונות בפני מאות מורים ועל שהבהירה את פשטותו של תהליך זה. (ראו הפניה: מחנכים החיים בשמחת הכרת תודה; במיוחד ובינר 12.) וכן ראו גם את ספרה המועיל מאד של ברב אוסט, תכנית הלימודית החיונית, בו היא מתארת יפה כיצד מרגיש אקלים בית הספר ובכיתה כאשר העקרונות משולבים בחינוך. לברב יש ניסיון בלמידה, חיים ושיתוף של שלושת העקרונות לאורך כל הקריירה שלה; היא תמיד חלקה חכמה כזו בתפקידה כמורה, מנהלת ומפקחת פרחי הוראה. להמשך למידה ראו משאבים משלימים. חומרים אלה ינחו אותך לתובנות משלכם.

שיתוף העקרונות בתכניות לגיל הרך

לעיתים קרובות שואלים אותנו: "כיצד נוכל לחלוק את העקרונות עם ילדים כל כך צעירים?" אנו יודעים

בוודאות, ש"תכנית הלימודים החיונית" היא מורים חיים את העקרונות בכיתה והיא הבסיס החשוב יותר. פנינו לעמיתים המומחים בשלושת העקרונות כדי לקבל את נקודת המבט שלהם.

בארב אוסט, היא מורה ומנהלת בי"ס יסודי בדימוס, שפיתחה וניהלה שני מעונות יום לגילאי 3-6 בקולומביה הבריטית. היא מדגישה: "מצבם הנפשי והדוגמא האישית של המורים הם הדבר החשוב ביותר, בוודאות! הקשיבו עמוקות. מצאו את המקום הרגוע שלכם. חפשו אוצר [אצל הילדים]. התייחסו אליהם כמו שאתם רוצים שיתייחסו אליכם."

ד"ר מארג' הוקינס, מנהלת בדימוס הן של חינוך משפחתי לגיל הרך והן של חינוך מיוחד לגיל הרך בסנט קלוד מינסוטה מציעה: "היסודות ברמה לגיל הרך מבוססים על ניסיון. הם לא נלמדים כאסטרטגיות למידה קוגניטיביות אלא מובנים על ידי מורים ומטפלים. מורים ומטפלים מגיעים תחילה לילדים על ידי פיתוח קשרים איתם, וכתוצאה מכך מלמדים את הילדים וויסות עצמי. פשוט אין דרך אחרת. המטרה הראשונית והסופית עבור ילדים צעירים היא התפתחות רגשית וחברתית בריאה. והתוצאות החיוביות של כל מערכת יחסים בריאה ניכרות לאורך כל החיים. (אתה אוהב מישהו ואתה משתתף, למרות שאולי אתה לא אוהב את הנושא)" היא מוסיפה: "בעולם האתגרים של ימינו, מסלול התפתחות הילדים לעיתים קרובות נפגע. השגת אבני דרך רגשיות וחברתיות מתרחשת כאשר ילדים מרגישים בטוחים... ואז הם יכולים ללמוד דברים אחרים. המורים/המטפלים אומרים: '...אנחנו כאן איתך.'" ד"ר הוקינס גם מסתמכת על מגוון שירותי תמיכה קהילתיים בבתי ספר כדי לחזק ילדים ומשפחות בשנותיהם הראשונות. לרבים מאנשי המקצוע הללו היכרות בסיסית עם העקרונות.

בארב הגיבה בהתלהבות להערות של מארג': "אוי לי! זה כל כך נכון! תמיד נשבעתי שההכשרה הטובה ביותר שיכולה להיות למורה היא להיות מורה בגיל הרך או במעונות יום. זה המקום בו מורים לומדים על מערכות יחסים, גאות ושפל, ועבודה בצוות כשהם צריכים להקשיב מבפנים אם להתקדם או לסגת." בתכניות הגיל הרך, אנו מאמינים שמורים ומטפלים יעילים לומדים, חיים ובעיקר מדגימים את העקרונות באופן טבעי למדי. זה עוזר להכין צעירים להיות מסוגלים ללמוד בצורה רשמית יותר בהמשך.

ברור שתכנית לגיל הרך אינה המקום לשיעורים קוגניטיביים. המיקוד הוא על המצב הנפשי החיוני שהמורים מביאים למפגש עם הילדים. ספרה של בארב אוסט תכנית הלימודים החיונית הוא משאב רב עצמה בהקשר זה. יש בו דוגמאות של ילדים צעירים מאד המיישמים את רגשותיהם. אחת האימהות דיווחה ששאלה את ילדה: "איך קיבלנו ילד כזה טוב?" בן השלוש ענה: "כי את נותנת לי כל כך הרבה אהבה." המנהל לורי סמית' מויסקונסין מספרת שדיברה על בריאות מולדת והילד הצעיר הכריז: "אין עוגיות שרופות!". אנו גם יודעים שספרי תמונות וסיפורים מתקבלים היטב על ידי ילדי הגן. למטרה זו, כריסטה קמפסול וג'יין טאקר פרסמו את Whooo... Has a Guide Inside?. הורים, גננות ומורים בכיתות עשויים למצוא את הספר מתאים מאוד לקריאה לילדים צעירים מאד.

מבוא למטרות ומערכי שיעורים

העקרונות הנדונים בתכנית הלימודים המקיפה (גן-י"ב) *של המפ"ש* פועלים על כל בני האדם, כולל תלמידים בכל הגילאים. תכנית הלימודים מצביעה על הדרך לשלמות נפשית, אושר, יצירתיות ורווחה אישית בכל חלקי החיים.

לפיכך, כל השיעורים במדריך הפנימי שלי, *ספרים* I, II, ו-III חולקים שתי מטרות אקדמיות גלובליות:

(1) טיפוח רווחה נפשית אישית מתוך הבנת עקרונות אלה,

(2) פיתוח מיומנויות תקשורת, חשיבה ואחריות אישית וחברתית.

גילוי המדריך הפנימי הוא המפתח ללמידה והוא **משפר את יכולתם של הילדים לקבל החלטות, לנווט בחיים ולבנות מערכות יחסים בריאות. גישה לחכמה טבעית זו משפיעה על רווחה אישית, בריאות רוחנית, על אחריות אישית וחברתית, ועל זהות אישית ותרבותית חיובית. נחישות, ויסות עצמי ויעילות עצמית הם גם תוצאות טבעיות של מודעות גדולה יותר.**

מדריך למטרות למידה חינוכיות ומיומנויות בכל התחומים הרלוונטיים מוצע להלן בסעיף *שנקרא שילוב המדריך הפנימי בחינוך*. *המפ"ש משיג* את מטרותיו באמצעות סיפורים מותאמים לגילאים השונים, דיונים ומגוון פעילויות כתיבה ויצירה, תוך כדי קידום מיומנויות שפה ומיומנויות בתחומים אחרים.

מערכי השיעורים *של* ספר התלמידים I נועדו להשיג מטרות אלה עם תלמידי הכיתות הנמוכות של ביה"ס היסודי.

יכול להיות מועיל לדעת: כל מערך שיעור מכיל אוריינטציה קצרה עם מיקוד ההוראה העיקרי (חלק זה נקרא "קדימה הצטרפו!" בספר התלמיד). **ראו במיוחד תוצאות הלמידה המצוינות בסוף כל מערך שיעור.** **מטרות השיעור והזדמנויות למידה כלולות גם כן.** **בכל המקרים, הנקודות המובלטות הראשונות עוסקות בהיבט של העקרונות בו עוסק הפרק. זה עשוי לסייע למקד את השיעורים ולאפשר להם להשתלב בזמן המוגבל בכיתה.** **הנקודות האחרות מרחיבות את הלמידה.**

מערך שיעור פרק 1 - גלו את המדריך הפנימי שלכם

אוריינטציה: קדימה הצטרפו!

בעמוד הקודם בספר התלמיד, אמא ינשופה מבטיחה לינשופיה הקטנים שהם יידעו איך ומתי לעוף. כמו לינשופים הקטנים, דבר זה מובטח לכל הילדים. השיעורים הבאים של *המפ"ש* מציגים לילדים את המדריך הפנימי שלהם - "ידע" טבעי הזמין לכל החיים.

פרק 1 מכוון שילדים בגילאי גן-ג' יגלו באופן חווייתי את המדריך הפנימי שלהם. נקודות ההוראה העיקריות הן:

1. יש לכם מדריך פנימי, הוא חכמה ושכל ישר.
2. לכל אחד יש את המדריך הפנימי הזה. פשוט חפשו את ההרגשה.
3. אתם יכולים לסמוך על המדריך שלכם. הוא מכוון אתכם לדרך הנכונה.

התלמידים לומדים להקשיב למדריך הפנימי שלהם ולשים לב למה שקורה כשהם עושים זאת. יש חכמה ושכל ישר הניתנים לגילוי על ידי כל הילדים. השתמשו בחידה הנמצאת בספר התלמיד, בהתבוננות, בסיפורו של דניאל, בתגובות שונות לקריאה, במרכז פעילויות ובמילים הגנדרניות כדי לעזור לתלמידים לגלות את המדריך הפנימי הטבעי שלהם.

הזכירו לתלמידים שלכם: "אתם יכולים לגלות רגשות טובים! אתם מרגישים בטוחים רק כשאתם עצמכם. שימו לב שהמדריך הפנימי שלכם מצביע על הדרך." מודעות לרווחה אישית משופרת זו מבטיחה לכל תלמיד ותלמידה שמהדריך הפנימי שלהם תמיד זמין.

רמת הפרק

עבור גן וכיתה א', שקלו להשתמש רק בדף התמונה המקדימה ובפעילויות מסוימות. הפרק ברמת קריאה קלה מאד לכיתה ב'. גיל הקריאה הוא 6-8 (כיתות א'-ב').

לתשומת ליבכם: בסוף כל פרק מופיעה רשימת מילים 'גנדרניות' שמטרתה לבנות אוצר מילים חשוב. המילים שנבחרו עבור כל פרק הן מילים שנזכרות בפרק. הן מופיעות ברשימה לרוב באותה צורה דקדוקית בה הן מופיעות בפרק והמשמעות שניתנה להן היא המשמעות בה הן באו לידי ביטוי בהקשר שהן מופיעות. אתם מוזמנים להרחיב את המשמעות של המילים הללו עם התלמידים שלכם.

הערכה מקדימה ללומדים ניתן למצוא במדריך זה או באתר ***myguideinside.com***. מומלץ לבקש מהלומדים להשלים אותה לפני השיעור הראשון. הערכה מסכמת נעשית בשיעור האחרון.

מטרות השיעור

פרק 1 מכוון את התלמידים:

- לגלות את המדריך הפנימי שלהם במונחים פשוטים אלה:
  - יש לכם מדריך פנימי – הוא חכמה ושכל ישר.
  - לכל אחד יש את המדריך הפנימי הזה. פשוט חפשו את ההרגשה.
  - אתם יכולים לסמוך על המדריך הפנימי שלכם. הוא מכוון אתכם לדרך הנכונה.
- לקרוא ולהאזין כדי לפתח מודעות אישית
- לגשת לידע מוקדם בכדי ליצור משמעות
- להביע את מחשבותיהם ורגשותיהם
- להגדיל "הכרה עצמית" על ידי חיבור לאחרים
- להעריך את עצמם ואת רעיונותיהם היצירתיים

הזדמנויות למידה

פרק 1 נועד לעודד את הלומדים:

- להשיג הבנה של העקרונות במונחים של:
  - התחלת המודעות האישית למדריך הפנימי שלי והבחנה ברווחה אישית
  - חקר המשמעות של *המפ"ש*, הידוע גם כחכמה ושכל ישר
- להתחיל להיות מודעים לרווחה אישית באמצעות הקשבה, קריאה, דיבור וכתיבה
- לחקור ולחוות את האמנויות כדי לבטא את מי שהם
- להתחיל לפתח כבוד, משחק הוגן ומנהיגות בפעילויות

תוצאות הלמידה

בסוף השיעור של פרק 1, הלומדים יראו מיומנויות וידע באמצעות:

- הבנת העקרונות כאשר הם:
  - מתארים את החוויה שלהם של הבחנה במדריך הפנימי שלהם
  - בוחרים שם משלהם עבור המדריך הפנימי שלהם
  - מספרים על מצב בו הרגישו מאושרים
- השתתפות באמצעות הקשבה וקריאה
- הבעת קשרים בין חוויה אישית לטקסט
- הצגת הבנה באמצעות יצירת רשומת יומן תוך שימוש בכמה כללים
- שיתוף רעיונות באמצעות יצירות אמנות
- התחלה של הפגנת כבוד, משחק הוגן ומנהיגות בפעילויות

תזכורת מטרות מפתח

לכל פרק שתי מטרות למידה רחבות: מודעות ואחריות לרווחה אישית. עם המיקוד המיוחד של פרק 1, מה אומרים לכם התלמידים שהם גילו?

פעילויות

השתמשו ב*מדדי ההערכה* לגיל הרך או לכיתות א'-ב' למיומנויות שפה.

מערך שיעור פרק 2 - הרגשות שלי נובעים ממחשבה

אוריינטציה: קדימה הצטרפו!

בפרק הקודם, הלומדים התוודעו אל המדריך הפנימי שלהם. פרק 2 מתבסס על גילוי זה בחקירת כוח החשיבה של כל ילד ליצור את רגשותיו. סיפור על תאומים, נעמי ונועם, מפתח את נקודות ההוראה העיקריות האלה:

1. המחשבה שלי יוצרת את ההרגשה שלי
2. כל הרגשות שלי נובעים ממחשבה
3. אני מאפשר/ת למחשבות לא רצויות לחלוף והרווחה האישית מורגשת

באמצעות הדוגמא של נעמי ונועם, התלמידים ממשיכים לשים לב למדריך הפנימי שלהם. הם גם מתחילים לגלות ולחוות שהמחשבה שלהם יוצרת את הרגשות שלהם. הילדים לומדים שהם יוצרים את החוויות שלהם.

השתמשו בתגובות הקריאה השונות לצורך למידה רפלקטיבית, דיון וביטוי אישי. הפעילויות נשענות על יכולות יצירתיות ואמנותיות ומציעות הזדמנויות משחק מהנות. המילים הגנדרניות משפרות את אוצר המילים.

הזכירו לתלמידים שלכם: "הרגשות שלי נובעים ממחשבה." המודעות האישית המשופרת שלהם משפרת בסופו של דבר את הוויסות העצמי, המסוגלות העצמית והרווחה האישית.

רמת הפרק

עבור גן וכיתה א', שקלו להשתמש רק בדף התמונה המקדימה ובפעילויות מסוימות. הפרק ברמת קריאה קלה מאד לכיתה ב'. גילאי הקוראים הוא 6-8 (כיתות א'-ב').

מטרות השיעור

פרק 2 מכוון את הלומדים:
- להגביר את הבנת העקרונות על ידי התגלית:
  - שהמחשבה שלי יוצרת את ההרגשה שלי
  - שכל הרגשות שלי נובעים ממחשבה
  - שאני מאפשר/ת למחשבות לא רצויות לחלוף והרווחה האישית מורגשת
- לקרוא ולהאזין כדי לפתח מודעות אישית
- לגשת לידע מוקדם בכדי ליצור משמעות
- להביע את מחשבותיהם ורגשותיהם
- לעורר "הכרה עצמית" על ידי התחברות לאחרים
- להעריך את עצמם ואת רעיונותיהם היצירתיים
- להבין שלכל אחד יש מחשבות וחוויות משלו.

הזדמנויות למידה

פרק 2 נועד לעודד את הלומדים:

- להשיג הבנה של העקרונות במונחים של:
  - להתחיל לְקַשֵּׁר בין מחשבה והרגשה
  - ידיעת חופש מדאגה
  - שיפור הרווחה האישית והיכולת לנווט בחיים
- לחוות ולהעריך את השיתוף עם מבוגרים אכפתיים
- להיות מודעים לרווחה אישית ואחריות אישית באמצעות הקשבה, קריאה, דיבור וכתיבה
- להתחיל לגלות נחישות וויסות עצמי טבעי
- לחקור ולחוות את האמנויות כדי לבטא את מי שהם
- להמשיך לפתח כבוד, משחק הוגן ומנהיגות בפעילויות

תוצאות הלמידה

בסוף השיעור של פרק 2, הלומדים יראו מיומנויות וידע באמצעות:

- הבנת העקרונות כאשר:
  - הם שמים לב ומדברים על הקשר בין מחשבה להרגשה
  - הם שמים לב לנוכחות הרווחה האישית
- השתתפות על ידי הקשבה וקריאה
- הבעת קשרים בין החוויה האישית שלהם לסיפור
- הצגת הבנה באמצעות יצירת רשומת יומן תוך שימוש בכמה כללים
- שיתוף רעיונות באמצעות יצירות אמנות
- הפגנת כבוד, משחק הוגן ומנהיגות בפעילויות

תזכורת מטרות מפתח

לכל פרק יש שתי מטרות למידה רחבות: מודעות ואחריות לרווחה אישית. עם המיקוד המיוחד של פרק 2, מה אומרים לכם התלמידים שהם גילו?

פעילויות

השתמשו ב*מדדי ההערכה* לגיל הרך או לכיתות א'-ב' למיומנויות שפה.

מערך שיעור פרק 3 - האושר בתוכי

אוריינטציה: קדימה הצטרפו!

פרק 2 הציג בפני הלומדים את כוח המחשבה היוצר רגשות. פרק 3 בוחן שינויים ברגשות באמצעות המטאפורה החזותית של עננים המכסים את השמש. הסיפור של גלי מתאר אובדן של הרגשה טובה ומציאת הדרך חזרה לאושר. אלו הן נקודות ההוראה העיקריות:

1. אני מקשיב/ה למדריך הפנימי שלי
2. מחשבות מועילות צצות
3. ההרגשה הטובה שלי נוכחת שוב

באמצעות הדוגמא של גלי, התלמידים ממשיכים לשים לב למדריך הפנימי שלהם ולדון בו. הם חווים בצורה ברורה יותר שרגשות נובעים ממחשבה. הילדים לומדים לפתח יכולת פשוטה מאוד להבחין בשינוי בהרגשה שלהם.

השתמשו בתגובות הקריאה השונות ללמידה רפלקטיבית, דיון וביטוי עצמי הממוקדים על שינויים בהרגשה. מרכז הפעילויות משתמש ביכולות אמנותיות המתארות את השמש והעננים כדי להבין את אובדן ההרגשה הטובה וחזרה אליה. צחוק קבוצתי "מחזיר את השמחה ללב". מילים גנדרניות משפרות את אוצר המילים.

הזכירו לתלמידי שלכם: "מה שאני מרגיש/ה נובע ממחשבה." מודעות אישית משופרת זו בסופו של דבר משפרת רווחה אישית ומסוגלות עצמית.

רמת הפרק

עבור גן וכיתה א', שקלו להשתמש רק בדף התמונה המקדימה ובפעילויות מסוימות. הפרק ברמת קריאה קלה מאד לכיתה ב'. גילאי הקוראים הוא 6-8 (כיתות א'-ב').

מטרות השיעור

פרק 3 מכוון את הלומדים:

- להגביר את הבנת העקרונות עם נקודות אלה:
  - אני מקשיב/ה למדריך הפנימי שלי
  - מחשבות מועילות צצות
  - ההרגשה הטובה שלי נוכחת שוב
- לקרוא ולהאזין כדי לפתח מודעות אישית
- לגשת לידע מוקדם בכדי ליצור משמעות
- להביע את מחשבותיהם ורגשותיהם

- לעורר "הכרה עצמית" על ידי התחברות לאחרים
- להעריך את עצמם ואת רעיונותיהם היצירתיים

הזדמנויות למידה

פרק 3 נועד לעודד את הלומדים:

- להשיג הבנה של העקרונות במונחים של:
  - השגת מודעות לכך שאושר ורווחה הם בתוכנו
  - חווית תובנה יוצרת הרגשה חיובית
  - הבנה שטוב לב תומך במעבר של אחרים לאושר ורווחה אישית
- להתחיל להעריך מערכות יחסים חיוביות
- להתחיל לפתח מודעות לרווחה אישית ואחריות אישית באמצעות הקשבה, קריאה, דיבור וכתיבה
- להתחיל לפתח מודעות לנחישות וויסות עצמי טבעי
- ליצור מערכות יחסים, לעבוד או לשחק בשיתוף פעולה, לפתור בעיות בדרכי שלום
- לחקור ולחוות את האמנויות כדי לבטא את מי שהם
- לפתח כבוד, משחק הוגן ומנהיגות בפעילויות

תוצאות הלמידה

בסוף השיעור של פרק 3, הלומדים יראו מיומנויות וידע באמצעות:

- הבנת העקרונות כאשר:
  - הם מדווחים על הקשבה למדריך הפנימי שלהם
  - הם חווים אושר
  - הם שמים לב לשינויים במצבם הנפשי
- השתתפות על ידי הקשבה וקריאה
- הבעת קשרים בין החוויה האישית שלהם לסיפור
- הצגת הבנה באמצעות יצירת רשומת יומן תוך שימוש בכמה כללים
- שיתוף רעיונות באמצעות יצירות אמנות
- הפגנת כבוד, משחק הוגן ומנהיגות בפעילויות

תזכורת מטרות מפתח

לכל פרק יש שתי מטרות למידה רחבות: מודעות ואחריות לרווחה אישית. עם המיקוד המיוחד של פרק 3, מה אומרים לכם התלמידים שהם גילו?

פעילויות

השתמשו *במדדי ההערכה* לגיל הרך או לכיתות א'-ג' למיומנויות שפה.

שימו לב לציטוט המופיע בפרק 3: "מחשבות בריאות מביאות ימים טובים ומחשבות עצובות מביאות ימים עצובים״. המקור הוא הספר ״ליזה היקרה״ מאת סידני בנקס, ע׳ 51 (באנגלית).

מערך שיעור פרק 4 - מהירים וסוערים או רגועים וסקרנים

אוריינטציה: קדימה הצטרפו!

פרק 3 הציג בפני הלומדים את היכולת להבחין בשינויים ברגשותיהם. פרק 4 מכין את הלומדים להבחין בשינויים באיכות חשיבתם. הסיפור של יעל מתאר "חשיבת טורנדו" כמהירה וסוערת. היא לומדת להרפות ממחשבות ולעבור באופן טבעי לחשיבה רגועה וסקרנית. אלה נקודות הלמידה העיקריות:

1. אני יכול/ה לראות שהחשיבה שלי מהירה וסוערת
2. אני יכול/ה להרפות
3. אני יכול/ה להיות רגוע/ה וסקרנ/ית

באמצעות הדוגמא של יעל, כמו בשיעורים קודמים, התלמידים מקשיבים לעיתים קרובות למדריך הפנימי שלהם ודנים בו ומבינים שמחשבה יוצרת את כל הרגשות שלהם. היכולת של הלומדים להבחין בשינויים במחשבות וברגשות שלהם מתחילה להתפתח.

השתמשו בתגובות השונות הקריאה השונות לנהל דיון, לפתח את התקשורת וההבנה. מרכז הפעילויות משתמש באמנות ומשחק כדי ליצור הזדמנויות ללומדים לראות את איכות המחשבה שלהם בפעולה. מילים גנדרניות תומכות בשיפור אוצר המילים ובהתפתחות התקשורת.

הזכירו לתלמידי שלכם: "אני יכול להבחין בטורנדו! אני יודע מה לעשות." מודעות משופרת לרווחה אישית משפרת מאד את הוויסות העצמי ואת האחריות החברתית.

רמת הפרק

עבור גן וכיתה א', שקלו להשתמש רק בדף התמונה המקדימה ובפעילויות מסוימות. הפרק ברמת קריאה קלה מאד לכיתה ג'. גילאי הקוראים הוא 7-9 (כיתות ב'-ג').

מטרות השיעור

פרק 4 מכוון את הלומדים:

- להגביר את הבנת העקרונות עם נקודות אלה:
  - אני יכול/ה לראות שהחשיבה שלי מהירה וסוערת
  - אני יכול/ה להרפות
  - אני יכול/ה להיות רגוע/ה וסקרנ/ית
- לקרוא ולהאזין כדי לפתח מודעות אישית
- לגשת לידע מוקדם בכדי ליצור משמעות
- להביע את מחשבותיהם ורגשותיהם
- לעורר "הכרה עצמית" על ידי התחברות לאחרים

- להעריך את עצמם ואת רעיונותיהם היצירתיים

הזדמנויות למידה

פרק 4 נועד לעודד את הלומדים:

- להשיג הבנה של העקרונות במונחים של:
  - חווית ההבדל בין חשיבה מהירה וסוערת לחשיבה רגועה וסקרנית
  - חיבור עם חכמתם הפנימית כדי לעשות בחירות נבונות
  - חווית הבחירה הבריאה של לשחרר מחשבות, להרפות ממחשבות
  - הבנת ההשפעה של בחירות מחשבתיות על רווחתם האישית ורווחת האחרים
- לפתח מודעות לרווחה אישית ואחריות אישית באמצעות הקשבה, קריאה, דיבור וכתיבה
- לפתח נחישות ושליטה טבעית בדחפים המווסתים את ההתנהגות
- לחקור ולחוות את האמנויות כדי לבטא את מי שהם
- לפתח כבוד, משחק הוגן ומנהיגות בפעילויות

תוצאות הלמידה

בסוף השיעור של פרק 3, הלומדים יראו מיומנויות וידע באמצעות:

- הבנת העקרונות כאשר:
  - הם מודעים לבחירות טובות
  - הם משווים בין חשיבה מהירה וסוערת לחשיבה רגועה וסקרנית
- השתתפות על ידי הקשבה וקריאה
- הבעת קשרים בין החוויה האישית שלהם לסיפור
- הצגת הבנה באמצעות יצירת רשומת יומן תוך שימוש בכמה כללים
- שיתוף רעיונות באמצעות יצירות אמנות
- הפגנת כבוד, משחק הוגן ומנהיגות בפעילויות

תזכורת מטרות מפתח

לכל פרק יש שתי מטרות למידה רחבות: מודעות ואחריות לרווחה אישית. עם המיקוד המיוחד של פרק 3, מה אומרים לכם התלמידים שהם גילו?

פעילויות

השתמשו במדדי ההערכה לגיל הרך או לכיתות א'-ג' למיומנויות שפה.

מערך שיעור פרק 5 - ליהנות מחברות

אוריינטציה: קדימה הצטרפו!

פרק 4 הציג בפני הלומדים את היכולת להבחין בשינויים באיכות חשיבתם. פרק 5 מתמקד בלימוד התלמידים לשמור על חברויות. הסיפור של דניאל ויואב מתאר את האתגרים העומדים בפניהם מכיוון שהם חושבים אחרת. שניהם לומדים להקשיב למדריך הפנימי שלהם. בכך הם יכולים לקבל את המציאויות הנפרדות שלהם ולתכנן תכניות חדשות ללינה המשותפת. נקודות הלימוד העיקריות בפרק זה הן:

1. לחברים יש רעיונות שונים.
2. *המפ"ש* עוזר לי להקשיב לחבר שלי.
3. שנינו יכולים לשנות את דעתנו.

כמו בשיעורים הקודמים, במהלך סיפורם של דניאל ויואב, התלמידים צוברים ניסיון בהקשבה למדריך הפנימי שלהם, בידיעה שמחשבה יוצרת את כל רגשותיהם, בהבחנה מתי הם מאבדים הרגשה טובה ובשיום איכות החשיבה שלהם. פרק 5 מציג שיעור חדש: חברים חכמים בעלי רעיונות שונים יכולים להקשיב זה לזה ולחוות שינוי בדעתם.

השתמשו בתגובות הקריאה השונות בכדי להשיג הבנה מעמיקה יותר. ראיונות בתורות בסדנת כתיבה וכתיבה מחזקים את התקשורת ואת הביטוי העצמי. האמנות והמשחקים במרכז הפעילויות מרחיבים את ההקשבה, התקשורת ומבליטים את תפקיד החכמה בחברויות. מילים גנדרניות מטפחות יכולות תיאוריות.

הזכירו לתלמידי שלכם: "אני יכול להקשיב לך. שנינו יכולים להחליט לשנות קצת." מודעות משופרת לרווחה אישית בונה מערכות יחסים בריאות ומגבירה את האחריות החברתית.

רמת הפרק

עבור גן וכיתה א', שקלו להשתמש רק בדף התמונה המקדימה ובפעילויות מסוימות. הפרק ברמת קריאה קלה מאד לכיתה ג'. גילאי הקוראים הוא 7-9 (כיתות ב'-ג').

מטרות השיעור

פרק 5 מכוון את הלומדים:

- להגביר את הבנת העקרונות עם נקודות אלה:
  - לחברים יש רעיונות שונים
  - *המפ"ש* עוזר לי להקשיב לחבר שלי
  - שנינו יכולים לשנות את דעתנו
- לקרוא ולהאזין כדי לפתח מודעות אישית של העצמי ושל חברים

- לגשת לידע מוקדם בכדי ליצור משמעות וליהנות מחברויות
- להביע את מחשבותיהם ורגשותיהם
- לעורר "הכרת עצמי ועולמי" על ידי הקשבה לחברים
- להעריך את עצמם ואת רעיונותיהם היצירתיים בהקשר של חברויות

הזדמנויות למידה

פרק 5 נועד לעודד את הלומדים:

- להשיג הבנה של העקרונות במונחים של:
  - זיהוי הזדמנויות לקבלת החלטות בריאות
  - הקשבה לחכמה הפנימית כדי לקבל החלטות חברות בריאות
  - גילוי שחברים יכולים לשנות את דעתם ולפתור בעיות בדרכי שלום
- להמשיך לפתח מודעות לרווחה אישית ואחריות אישית בחברות באמצעות הקשבה, קריאה, דיבור וכתיבה
- להגביר מודעות לנחישות ולוויסות עצמי טבעי
- לחקור ולחוות את האמנויות כדי לבטא את מי שהם כחברים
- לפתח כבוד, משחק הוגן ומנהיגות בפעילויות

תוצאות הלמידה

בסוף שיעור פרק 5, הלומדים יראו מיומנויות וידע באמצעות:

- הבנת העקרונות כאשר:
  - הם משתמשים במדריך הפנימי שלהם כדי ליצור חברות ולשמור עליה
  - הם מגיבים לחברים בחשיבה רגועה וסקרנית
  - יש להם פרספקטיבה והבנה שחברים יכולים יחד להסכים לשנות את דעתם
- השתתפות על ידי הקשבה וקריאה
- הבעת קשרים בין החוויה האישית שלהם לסיפור
- עובדים ומשחקים עם חברים בשיתוף פעולה למען תועלת הדדית
- הצגת הבנה של חברות חכמה באמצעות כתיבה, עריכה ושיתוף סיפור
- שיתוף רעיונות על חברות בריאה באמצעות יצירות אמנות
- הפגנת כבוד, משחק הוגן ומנהיגות בפעילויות

תזכורת מטרות מפתח

לכל פרק יש שתי מטרות למידה רחבות: מודעות ואחריות לרווחה אישית. עם המיקוד המיוחד של פרק 5, מה אומרים לכם התלמידים שהם גילו?

פעילויות

השתמשו במדדי ההערכה לגיל הרך או לכיתות א'-ג' למיומנויות שפה.

מערך שיעור פרק 6 - להרגיש סבבה היום

אוריינטציה: קדימה הצטרפו!

בפרק 5, התלמידים למדו לעקוב אחר המדריך הפנימי שלהם כדי ליהנות מחברות. פרק 6 מכין את התלמידים לשים לב לשלומם כך שהם יכולים להיות במיטבם עם חשיבה במידה הנכונה. סיפורה של משי מתאר את תחושת החשש והדאגה שלה בעת ביקורה בפארק לא מוכר. בת דודה מבוגרת, אלה, עוזרת למשי להבחין במצבה הנפשי. משי מגלה שהיא יכולה ליהנות ממשחק עם ילדים שהיא לא מכירה. נקודות הלימוד המרכזיות בפרק זה הן:

1. אני יכולה לחשוב יותר מדי
2. אני יכולה להיתקע במחשבה אחת
3. אני מרגישה סבבה כשהחשיבה שלי במידה הנכונה

במהלך סיפורה של משי, התלמידים חוזרים וצוברים ניסיון בהאזנה למדריך הפנימי שלהם, בידיעה שמחשבה יוצרת את כל הרגשות, מבחינים מתי הם מאבדים הרגשה טובה ורואים את איכות החשיבה שלהם. פרק 6 מכין את התלמידים הצעירים להתחיל להבחין שמצבם הנפשי חוזר לאיזון באופן טבעי.

הזדמנויות ללמידה זו מוצגות בתגובות לקריאה, סדנת הכתיבה, מפגש שירה, פעילויות אמנות ומילים גנדרניות.

הזכירו לתלמידים שלכם: "אני יכולה להבחין בשלומי. החשיבה שלי יכולה להיות במידה הנכונה, וזה סבבה." וויסות עצמי ומסוגלות עצמית הם תוצאות טבעיות. מודעות משופרת לרווחה אישית זו מפתחת יכולות חשיבה, תקשורת ואחריות חברתית.

רמת הפרק

עבור גן וכיתה א', שקלו להשתמש רק בדף התמונה המקדימה ובפעילויות מסוימות. הפרק ברמת קריאה קלה מאד לכיתה ג'. גילאי הקוראים הוא 7-9 (כיתות ב'-ג').

מטרות השיעור

פרק 6 מכוון את הלומדים:

- להגביר את הבנת העקרונות על ידי גילוי:
  - שאנחנו יכולים לחשוב יותר מדי.
  - שאנחנו יכולים להיתקע על מחשבה אחת.
  - שאנחנו מרגישים סבבה כשהחשיבה שלנו במידה הנכונה.
- לקרוא ולהאזין כדי לפתח מודעות אישית
- לגשת לידע מוקדם בכדי ליצור משמעות
- להביע את מחשבותיהם ורגשותיהם
- לעורר "הכרת עצמי ועולמי" באמצעות חיבור לאחרים

- להעריך את עצמם ואת רעיונותיהם היצירתיים

הזדמנויות למידה:

פרק 6 נועד לעודד את הלומדים:

- להגדיל את הבנת העקרונות במונחים של:
  - הבחנה בחשיבת יתר או במצב נפשי תקוע
  - אמון וביטחון שחשיבה נכונה מובילה לאושר
  - התנסות בכח התיקון העצמי של האזנה למדריך הפנימי לצורך קבלת תובנה
  - תחושה שאני סבבה עכשיו (בחזרה למצב של רווחה)
  - הקשבה למדריך הפנימי באופן טבעי
- להעמיק מודעות לרווחה אישית ואחריות אישית לאושר שלהם באמצעות הקשבה, קריאה, דיבור וכתיבה
- להגביר מודעות לנחישות ולוויסות עצמי טבעי
- לחקור ולחוות את האמנויות כדי להביע בצורה מלאה ובביטחון את מי שהם
- להגביר כבוד, משחק הוגן ומנהיגות בפעילויות
- לכתוב שירים, לערוך ולדקלם שיר בצורה רהוטה

תוצאות הלמידה

בסוף השיעור של פרק 6, הלומדים יראו מיומנויות וידע באמצעות:

- הבנת העקרונות כאשר הם:
  - מעריכים את מצבם הנפשי
  - משתמשים ב"חשיבה בדיוק במידה הנכונה" כדי להיות בסבבה
  - מקבלים החלטות בריאות
  - יודעים להיות רגועים וסקרנים לפני שהם בוחרים
  - משתמשים בתובנות ורעיונות חדשים בצורה מועילה
- השתתפות על ידי הקשבה וקריאה
- הבעת קשרים בין החוויה האישית שלהם לסיפור
- מכירים בתמיכה ומקבלים אותה
- הצגת הבנה באמצעות כתיבה, עריכה ודקלום שיר
- שיתוף רעיונות באמצעות יצירות אמנות
- הפגנת כבוד, משחק הוגן ומנהיגות בפעילויות

תזכורת מטרות מפתח

לכל פרק יש שתי מטרות למידה רחבות: מודעות ואחריות לרווחה אישית. עם המיקוד המיוחד של פרק 6, מה אומרים לכם התלמידים שהם גילו?

פעילויות

השתמשו במדדי ההערכה לגיל הרך או לכיתות א'-ג' למיומנויות שפה.

מערך שיעור פרק 7 - לראות את האחר ולעזור לו

אוריינטציה: קדימה הצטרפו!

בפרק 6, התלמידים למדו לשים לב לשלומם כדי שיוכלו להיות במיטבם – בסבבה – עם חשיבה במידה הנכונה. פרק 7 מכין את התלמידים לראות מתי ילדים אחרים או מבוגרים אינם בסבבה וזקוקים לעזרה. סיפורם של עידו ונתן מתמקד בידידות שלהם ובעניין המשותף שלהם בכדורגל. עידו מקשיב למדריך הפנימי ומבין שנתן, הצעיר ממנו בשנתיים, אינו בטוח ביכולתו ללמוד לשחק בקבוצה. עידו עוזר לנתן להיות רגוע וסקרן לפני שיחליט לעזוב את הקבוצה או להישאר בה. נקודות הלימוד העיקריות בפרק זה הן:

1. כשאנחנו מרגישים סבבה, החשיבה שלנו רגועה וסקרנית
2. אנחנו שמים לב כשמישהו זקוק לעזרתנו
3. המדריך הפנימי עוזר לנו לדעת מה לעשות.

הזכירו לתלמידים שלכם: "אם אני בסבבה, אני יכול לזהות כשמישהו לא. אם אקשיב למדריך הפנימי שלי, אדע מה לעשות." שיעור זה מתמקד בבניית חברויות בריאות על ידי היותנו רגישים ומועילים לאחרים.

רמת הפרק

עבור גן וכיתה א', שקלו להשתמש רק בדף התמונה המקדימה ובפעילויות מסוימות. הפרק ברמת קריאה קלה מאד לכיתה ב'. גילאי הקוראים הוא 6-8 (כיתות א'-ב').

מטרות השיעור

פרק 7 מכוון את הלומדים:

- להגביר את הבנת העקרונות עם נקודות אלה:
  - כשאנחנו מרגישים סבבה החשיבה שלנו רגועה וסקרנית.
  - אנחנו שמים לב כשמישהו זקוק לעזרתנו.
  - המדריך הפנימי עוזר לנו לדעת מה לעשות.
- לקרוא ולהקשיב כדי לפתח מודעות אישית
- לגשת לידע מוקדם בכדי ליצור משמעות
- להביע את מחשבותיהם ורגשותיהם
- לעורר "הכרה עצמית" על ידי התחברות ועזרה לאחרים
- להעריך את עצמם ואת רעיונותיהם היצירתיים

הזדמנויות למידה

פרק 7 נועד לעודד את הלומדים:

- להשיג הבנה של העקרונות במונחים של:
  - התחלת הערכת ושמירת רווחתם האישית (להיות בסבבה)
  - שימוש במדריך הפנימי שלהם כדי להיות מודעים לאחרים ולצרכים שלהם
  - הסתמכות על תובנות שידריכו אותם לדעת מה לעשות למען אחרים
- להמשיך ולהעמיק את המודעות לרווחה אישית ואחריות אישית לאושר שלהם באמצעות הקשבה, קריאה, דיבור וכתיבה
- להמשיך ולהעמיק את המודעות לנחישות ולוויסות עצמי טבעי
- לחקור ולחוות את האמנויות כדי להביע את מי שהם ביחס לאחרים
- לפתח כבוד, משחק הוגן ומנהיגות בפעילויות עם אחרים
- לכתוב את 'ספר הסיפורים שלי', לערוך עם תמיכה ולהקריא סיפור בצורה שוטפת

תוצאות הלמידה

בסוף השיעור של פרק 7, הלומדים יראו מיומנויות וידע באמצעות:

- הבנת העקרונות כאשר הם:
  - שמים לב כשאחרים זקוקים לעזרה
  - מונעים באופן טבעי לעזור לאחרים במצוקה
  - רגועים וסקרנים – אחראיים – כאשר הם בוחרים כיצד לעזור או לקבל עזרה
- השתתפות על ידי הקשבה והקראה לאחרים
- לקיחת אחריות על סביבתם על ידי משחק משותף
- הבעת קשרים בין החוויה האישית שלהם לסיפור
- הצגת הבנה באמצעות כתיבה, עריכה ושיתוף ספר הסיפורים שלהם
- הבעת רעיונות אודות עזרה לזולת בצורה אמנותית
- הפגנת כבוד, משחק הוגן ומנהיגות בפעילויות

תזכורת מטרות מפתח

לכל פרק יש שתי מטרות למידה רחבות: מודעות ואחריות לרווחה אישית. עם המיקוד המיוחד של פרק 7, מה אומרים לכם התלמידים שהם גילו?

פעילויות

השתמשו במדדי ההערכה לגיל הרך או לכיתות א'-ג' למיומנויות שפה.

מערך שיעור פרק 8 - להכיר את עצמנו

אוריינטציה: קדימה הצטרפו!

בפרק 7, הלומדים למדו לשים לב לילדים אחרים במצוקה ולעזור להם. פרק 8 הוא סקירה של מה שלמדו מ'*המפ"ש*'. התבוננות זו מעודדת את התלמידים להמשיך להקשיב למדריך הפנימי שלהם. הם יידעו מתי הם בסבבה ומתי לא. הרגשות יהיו המדריך שלהם. חשוב להיות רגועים וסקרנים ולהישמר מסערת מחשבות חולפת. התלמידים למדו שחשיבה מרובה חולפת כמו עננים על פני השמש. השמש תמיד יוצאת עם "חשיבה בדיוק במידה הנכונה." יהיה מועיל לזכור שלחברים יכולים להיות רעיונות שונים והקשבה מביאה לשינוי דעה. להיות בסבבה מקל על היותם חברותיים, אדיבים ועוזרים לאחרים.

המדריך הפנימי תמיד נוכח. בעזרת חכמה זו, ילדים יכולים ללמוד לעבור בחיים כבני אדם מאושרים.

הזכירו לתלמידים שלכם: "המדריך הפנימי שלכם מכוון אתכם לכיוון הנכון. אתם יכולים להיות בסבבה היום." שיעור אחרון זה מתמקד בחזרה ובהתבוננות. התלמידים מתארים במילים שלהם מה שלמדו ומה חשוב לזכור. בסופו של דבר, הקשבה למדריך הפנימי הופכת להיות דרך חיים. מודעות ואחריות אישית הן תוצאות טבעיות.

רמת הפרק

שיעור פרק 8 הוא ברמת קריאה קלה מאד לכיתה ג'. גילאי הקוראים הוא 7-9 (כיתות ב'-ג'). עבור גן וכיתה א', שקלו להשתמש רק בדף התמונה המקדימה ובפעילויות מסוימות.

הערכה מסכמת ללומדים ניתן למצוא במדריך זה או באתר ***myguideinside.com***. מומלץ לבקש מהלומדים להשלים אותה בסיום השיעור האחרון. ראו פרטים נוספים בהמשך.

נקודות הוראה מרכזיות לכל הפרקים מפורטות להלן כדי לתמוך בהתבוננות ובדיון של התלמידים. הן עשויות גם להועיל כאשר התלמידים מתחילים לעבוד על הפעילויות המפורטות להלן.

פרק 1 גלו את המדריך הפנימי שלכם

- יש לכם מדריך פנימי – חכמה ושכל ישר
- לכל אחד יש מדריך פנימי. פשוט חפשו את ההרגשה
- אתם יכולים לסמוך על המדריך הפנימי שלכם. הוא מכוון אתכם לדרך הנכונה.

פרק 2 הרגשות שלי נובעים ממחשבה
- המחשבה שלי יוצרת את ההרגשה שלי.
- כל הרגשות שלי נובעים ממחשבה
- אנחנו נותנים למחשבות לא רצויות לחלוף, והרווחה הנפשית מורגשת.

פרק 3 האושר בתוכי
- אנחנו מקשיבים למדריך הפנימי שלנו.
- מחשבות מועילות צצות
- ההרגשה הטובה שלנו נוכחת שוב

פרק 4 מהירים וסוערים או רגועים וסקרנים
- אנחנו יכולים להבחין כשהחשיבה שלנו מהירה וסוערת
- אנחנו יכולים לבחור לשחרר אותה
- אנחנו יכולים להיות רגועים וסקרנים.

פרק 5 ליהנות מחברות
- לחברים יש רעיונות שונים
- המדריך הפנימי שלנו עוזר לנו להקשיב לחברים שלנו
- כולנו יכולים לשנות את עמדותינו.

פרק 6 להרגיש סבבה היום
- אנחנו יכולים לחשוב יותר מדי
- אנחנו יכולים להיתקע על מחשבה אחת
- אנחנו מרגישים סבבה כשהחשיבה שלנו היא במידה הנכונה

פרק 7 לראות את האחר ולעזור לו
- כשאנחנו מרגישים סבבה, החשיבה שלנו רגועה וסקרנית
- אנחנו שמים לב כשמישהו אחר זקוק לעזרה
- המדריך הפנימי עוזר לנו לדעת מה לעשות

מטרות השיעור
פרק 8 מכוון את הלומדים:
- לבסס את הבנת העקרונות על ידי :
  - התבוננות במסע הלמידה שלהם במדריך הפנימי שלי
  - שימוש במילים שלהם כדי לדווח על מה שחשוב להם
- לקרוא ולהקשיב זה לזה כדי לפתח מודעות אישית ועניין באחרים
- לגשת לידע מוקדם בכדי ליצור משמעות
- להביע את מחשבותיהם ורגשותיהם במילים שלהם
- לעורר "הכרה בעצמי ובעולמי" על ידי שיתוף עם אחרים
- להעריך את עצמם ואת רעיונותיהם היצירתיים
- לזהות רווחה אישית ואת מעגל התמיכה שלהם

הזדמנויות למידה

פרק 8 נועד לעודד את הלומדים:

- להבהיר את הבנת העקרונות שלהם ולהפוך אותה לאישית על ידי:
  - התבוננות על מה שלמדו בשיעורי *המפ"ש*
  - התבוננות על יכולותיהם ועל מעגל התמיכה שלהם
- להתבונן על מודעות לרווחה אישית ואחריות אישית באמצעות הקשבה, קריאה, דיבור וכתיבה
- להתבונן על מודעות לנחישות ולוויסות עצמי טבעי
- להשתמש באמנויות כדי להביע את מי שהם
- להכיר בחכמתם ולזהות יכולת אישית לעשות טוב.

תוצאות הלמידה

בסוף השיעור של פרק 8, הלומדים יראו מיומנויות וידע באמצעות:

- הבנת העקרונות כאשר הם:
  - מפגינים מודעות לחכמה וביטחון
  - לוקחים אחריות לבחירות שלהם
  - מתארים שהם מרגישים סבבה
  - משתמשים בשיעורים העיקריים שנלמדו במדריך הפנימי שלי
  - משתמשים בכמה מונחים חביבים עליהם שהם למדו או יצרו
- הכרה בתמיכה וקבלת תמיכה
- ראיית צורך ומתן תמיכה לאחרים
- השתתפות על ידי הקשבה וקריאה
- הצגת הבנה באמצעות יצירת מטאפורה אישית

פעילויות

השתמשו במדדי ההערכה לגיל הרך או לכיתות א'-ג' למיומנויות שפה.

הערכה מסכמת ותצפיות בזק

השלימו את ההערכה המסכמת בשיעור האחרון. השוו אותה להערכה המקדימה של כל תלמיד.
תוכלו להשתמש גם בטופס תצפית הבזק למורה. ניתן לדון בשני הטפסים עם התלמידים באופן פרטני, ו/או עם הוריהם בזמן המתאים. ניתן לשתף את התוצאות הכלליות עם הכיתה לאחר סיום *המפ"ש*. התצפיות יכולות גם לשמש כהערות בתעודות במידה הצורך.

חגגו את סיום *המפ"ש*

צרו זמן מיוחד בכיתה ותיהנו ממנו. הפכו אותו לחגיגה מהנה שכוללת את כולם.

מילה אחרונה למורים

לאחר שסיימתם את הקורס הזה, הקדישו זמן להתבוננות על מה שעבד במה שעשיתם ומה תרצו לנסות בעתיד. שימו לב במיוחד למה שחכמתכם מגלה לכם על חווית ההוראה שלכם עם *המפ"ש*. כיצד היא השפיעה לא רק על התלמידים שלכם, אבל גם עליכם? סידני בנקס ממליץ לנו "לממש את הבחירה שלנו ולמצוא את החכמה הפנימית שלנו". ברגע שמצאנו אותה, אנו משתפים באופן טבעי וג'ון האטי ממליץ לנו "דע את ההשפעה שלך!".

שימו לב: הציטוט במדריך לתלמיד – ספר I, "...תוכל לעבור את החיים כאדם מאושר..." הוא מהדיוידי של סידני בנקס "הרצאת לונג ביץ', מס' 4", שנת 2000. (ניתן למצוא אותה גם באינטרנט ללא תשלום).

מערך שיעור פרק 9 - מילים גנדרניות

אוריינטציה: קדימה הצטרפו!

פרק 9 הוא הפרק האחרון במדריך הפנימי שלי I. הוא מאחד את רשימות המילים הגנדרניות המופיעות בסוף כל אחד מהפרקים הקודמים. מילים אלה בונות אוצר מילים חשוב.

שימו לב: המילים שנבחרו עבור כל פרק הן מילים שנזכרות בפרק. הן מופיעות ברשימה לרוב באותה צורה דקדוקית בה הן הופיעו בפרק והמשמעות שניתנה להן היא המשמעות בה הן באו לידי ביטוי בהקשר שהן מופיעות. אתם מוזמנים להרחיב את המשמעות של המילים הללו עם התלמידים שלכם.

הפנו את הלומדים לדפים אלה כדי למצוא את משמעות מילות המפתח הללו וכדי לפתח את יכולת הביטוי שלהם. רשימות מילים של הפרקים יכולות לשמש גם כפתיח למחשבה ולדיונים בקבוצות קטנות, בכתיבה או בפעילויות אחרות המתאימות לגיל.

הזכירו לתלמידים שלכם: "הקשיבו למדריך הפנימי שלכם. השתמשו במילים שלכם!" לתלמידים יהיו מילים משמעותיות משלהם כדי לתקשר את המודעות שלהם לרווחה אישית, לאחריות ולקשרים עם אחרים.

מילות כיתה ייחודיות

שקלו את המונחים שהפכו למועדפים בשיעורי המדריך הפנימי שלכם. הכינו גם רשימה של אותן מילים מיוחדות וייחודיות להבנת העקרונות בכיתה שלכם. השתמשו במילים אלה בסקירה הסופית עם התלמידים. גילינו שכל כיתה ממציאה כמה מילים תיאוריות על העקרונות שיש להן משמעות מיוחדת עבורה.

לפני שאתה עורכים חזרה או שימוש במילים, עיינו גם במילים הגנדרניות המצויות בפרק 9 בספר הלומדים.

משאבים נוספים

לאחר השלמת *המפ"ש*, תרצו אולי להמשיך עם ספר התמונות, *Whooo... Has a Guide Inside?* מאת כריסטה קמפסול וג'יין טאקר, הנמצא ברשימת המשאבים המשלימים. בנוסף, כמורים בכיתה, אולי יש לכם ספרים מועדפים משלכם כדי להמשיך ולשתף את העקרונות שהוצגו במדריך הפנימי שלי. העקרונות הם יסודות ולעיתים קרובות ניתן להבחין בהם בקלות בספרים, בסיפורים ובסרטונים המועדפים עליהם.

הערכה ותצפית

<u>שיעור ראשון:</u>

התלמידים ממלאים את טופסי ההערכה המקדימה לפני השיעור הראשון. אנא וודאו שהתלמידים מבינים כיצד להשלים את טופס ההערכה. ספקו תמיכה בקריאה לפי הצורך.

<u>בכל השיעורים:</u>

המדריך למורים באנגלית כולל קריטריונים להערכת כישורי שפה באנגלית. קריטריונים אלה נכללו במדריך זה כלשונם. אתם מוזמנים לאמץ ולהתאים אותם לשפה העברית.

<u>שיעור אחרון:</u>

- התלמידים ממלאים את טופסי ההערכה המסכמת.
- המורים משלימים את "תצפיות הבזק" על כל תלמיד.

המורים והתלמידים משווים בין תוצאות ההערכה המקדימה להערכה המסכמת ודנים בעיקרי התוצאות הללו. ניתן לעשות זאת באופן פרטני או כקבוצה. שימו לב במיוחד להגברת המודעות האישית, ההבנה, הרווחה והאחריות אישית. סכמו בחגיגה ובמחויבות להשתמש במדריך הפנימי לאורך כל החיים (כולל המורים!)

הערה מיוחדת: במידת האפשר, צוות משרד המחקר של מחוז בית הספר עשוי לפתח מערכת ממוחשבת יעילה לאיסוף נתונים, ניתוח ודיווח של נתוני ההערכה המקדימה והמסכמת למורה בכיתה. ניתן לפתח גם דוחות תלמידים בודדים וגם דוחות כיתתיים. עשוי להיות מועיל לשתף תוצאות עם צוות ההנהלה המתאים או פקידי המחוז למטרות הערכה ותכנון של התכנית.

המדריך הפנימי שלי – הערכה מקדימה והערכה מסכמת

שם: _____ כיתה _____ תאריך _____

הקף את מה שאת/ה חושב/ת לפני הפרק הראשון ועשה/עשי אותו הדבר אחרי הפרק האחרון!

	הקף את התשובה שנכונה עבורך עבור כל הצהרה	כמעט אף פעם לא	לעיתים רחוקות	לפעמים	לרוב	כמעט תמיד
1.	אני שמח/ה בחיי	כמעט אף פעם לא	לעיתים רחוקות	לפעמים	לרוב	כמעט תמיד
2.	אני מחכה לרעיונות טובים שיבואו לי	כמעט אף פעם לא	לעיתים רחוקות	לפעמים	לרוב	כמעט תמיד
3.	כשאני דואג/ת אני מרפה	כמעט אף פעם לא	לעיתים רחוקות	לפעמים	לרוב	כמעט תמיד
4.	קל לי לשמור על חברים	כמעט אף פעם לא	לעיתים רחוקות	לפעמים	לרוב	כמעט תמיד
5.	אני חושב/ת יותר מדי	כמעט אף פעם לא	לעיתים רחוקות	לפעמים	לרוב	כמעט תמיד
6.	אני אוהב/ת את מי שאני	כמעט אף פעם לא	לעיתים רחוקות	לפעמים	לרוב	כמעט תמיד
7.	כשאני מתעצבן/ת אני יכול/ה להתגבר על עצמי	כמעט אף פעם לא	לעיתים רחוקות	לפעמים	לרוב	כמעט תמיד
8.	אני תלמיד/ה טוב	כמעט אף פעם לא	לעיתים רחוקות	לפעמים	לרוב	כמעט תמיד

הערכה מסכמת:

מה הדבר החשוב ביותר שלמדת מ'המדריך הפנימי שלי' שבאמת עזר לך?

"תצפית בזק" של המורה על כל התלמיד

לפני מילוי טופס זה, בדקו את התקדמותם של כל תלמיד או תלמידה על סמך השוואה בין ההערכה המקדימה והמסכמת שלהם. התבוננו ואז מלאו את "תצפית הבזק" הזו כדי לדווח על התצפיות העיקריות שלכם. קחו זמן עם כל תלמיד או תלמידה והקשיבו לתחושתם לגבי התקדמותם האישית. שתפו את התצפיות שלכם. השתמשו בטופס לדיווח במידת הצורך.

שם: _____   תאריך: _____

מודעות לרווחה אישית (אני מקשיב/ה למדריך הפנימי שלי. אני בסבבה)

לעיתים רחוקות   1   2   3   4   5   בדרך כלל

תצפיות; הערות:

אחריות תקשורתית, חשיבתית, אישית וחברתית

(אני יודעת שיש ערך למחשבות, לכתיבה ולאמנות שלי. אני מקשיב/ה לאחרים. אני רואה ועוזר/ת לאחרים)

לעיתים רחוקות   1   2   3   4   5   בדרך כלל

תצפיות; הערות:

מידע רלוונטי על התלמיד/ה

נוכחות
עדיין לא עונה על הציפיות   1   2   3   4   5   עונה לחלוטין על הציפיות

ביצועים אקדמיים בכיתה
עדיין לא עונה על הציפיות   1   2   3   4   5   עונה לחלוטין על הציפיות

התנהגות חברתית בכיתה ומחוצה לה
עדיין לא עונה על הציפיות   1   2   3   4   5   עונה לחלוטין על הציפיות

השתתפות בכיתה
עדיין לא עונה על הציפיות   1   2   3   4   5   עונה לחלוטין על הציפיות

תצפיות; הערות:

המדריך הפנימי שלי: מדריך למורה – ספר 1

Early Primary Assessment for English Language Arts

The following criteria are for English Language Arts Competencies adapted from *British Columbia's New Curriculum* https://curriculum.gov.bc.ca/ MGI stories are meant to educate, foster insight and provide enjoyment. Criteria are provided to use as assessment *for* learning, or as assessment *of* learning for reporting purposes. This assessment includes what the student can do, as well as the next step for learning.

Name_____ Date _____ Activity _____

Early Primary Reading, Listening Criteria
Early primary students (Pre-K-, K, Grade 1) fully meeting expectations can:
- read simple familiar texts fluently (Yes or Not Yet)
- create reading response, make personal meaning using prior knowledge (Yes or Not Yet)
- make simple inferences (Yes or Not Yet)
- engage actively to develop understanding of self (Yes or Not Yet)
- show respect to the speaker (Yes or Not Yet)

Comment on next learning steps for Reading, Listening:

Early Primary Writing, Speaking, Representing Criteria
Early primary students (Pre-K, K, Grade 1) fully meeting expectations can:
- take turns sharing ideas to build understanding (Yes or Not Yet)
- present ideas (Yes or Not Yet)
- develop word knowledge (Yes or Not Yet)
- create texts to enhance self-awareness in journal, poem, or story (Yes or Not Yet)
- use some conventions of spelling, grammar and punctuation (Yes or Not Yet)
- communicate in a variety of ways for different purposes and audiences (Yes or Not Yet)

Comment on next learning steps for Writing, Speaking, Representing:

Late Primary Assessment for English Language Arts

The following criteria are for English Language Arts Competencies adapted from *British Columbia's New Curriculum* at https://curriculum.gov.bc.ca/ MGI stories are meant to educate, foster insight and provide enjoyment. Criteria are provided to use as assessment *for* learning, or as assessment *of* learning for reporting purposes. This assessment includes what the student can do, as well as the next step for learning.

Name _____ **Date** _____ **Activity** _____

Late Primary Reading, Listening Criteria
Late primary students (Grades 2 and 3) fully meeting expectations can:
- read fluently at grade level (Yes or Not Yet)
- create reading responses (Yes or Not Yet)
- make meaning using prior knowledge and sources of information (Yes or Not Yet)
- make connections to build understanding (Yes or Not Yet)
- engage actively offering ideas and opinions to deepen self-awareness (Yes or Not Yet)
- respect others' contributions (Yes or Not Yet)

Comment on next learning steps for Reading, Listening:

Late Primary Writing, Speaking, Representing Criteria
Late primary students (Grades 2 and 3) fully meeting expectations can:
- offer ideas and share opinions to build understanding (Yes or Not Yet)
- ask questions (Yes or Not Yet)
- develop word knowledge (Yes or Not Yet)
- create texts to deepen self-awareness in journal, poem, story (Yes or Not Yet)
- use most conventions of spelling, grammar and punctuation (Yes or Not Yet)
- plan, create varied communications for different purposes, audiences (Yes or Not Yet)

Comment on next learning steps for Writing, Speaking, and Representing:

שילוב המדריך הפנימי שלי במערכת החינוך

ללא ספק, כשאנשי חינוך אתם אחראים לעמוד ביעדי למידה רשמיים ובסטנדרטים של מיומנויות התלמידים. *המפ"ש* נועד לעזור לכם לעשות זאת.

בהקשר הנוכחי של מדיניות החינוך

תוך כדי כתיבת מדריך למורים זה, משרד החינוך של קולומביה הבריטית בקנדה מפתח תכנית לימודים חדשה הכוללת "פרופיל מיומנויות למודעות ואחריות אישית." *המפ"ש* עולה בקנה אחד עם קווים מנחים חדשניים אלה.

הגרסה העדכנית ביותר של עבודה זו קובעת: "מודעות ואחריות אישית היא אחת משלוש המיומנויות הקשורות זו בזו המתייחסות לתחום הרחב של למידה חברתית ורגשית." תכנית הלימודים מסבירה עוד שמודעות ואחריות אישית כוללת: נחישות, וויסות עצמי ורווחה. משרד החינוך דן ברווחה אישית בדרך זו:

> ***"תלמידים מודעים ואחראים אישית מכירים באופן בו החלטותיהם ופעולותיהם משפיעים על בריאותם הנפשית, הפיזית, הרגשית, החברתית, הקוגניטיבית והרוחנית, ולוקחים אחריות הולכת וגוברת על הטיפול בעצמם. הם שומרים על עצמם בריאים ופעילים גופנית, מנהלים לחצים, ומביעים תחושה של רווחה אישית... הם מכירים בחשיבות האושר ובעלי אסטרטגיות שעוזרות להם למצוא שלווה במצבים מאתגרים."***
>
> (פרופיל למיומנות של מודעות ואחריות אישית, עמ' 3)

קיים עניין בקידום רווחה אישית בבתי הספר בבריטניה. על פי "קידום ערכים בסיסיים בבריטניה כחלק מה SMSC בבתי ספר", על בתי הספר "לקדם את התפתחותם הרוחנית, המוסרית, החברתית והתרבותית (SMSC) של תלמידיהם." בתקופה זו, גוברת המודעות העולמית לצורך בכל מערכות החינוך בתמיכה ובטיפוח רווחת התלמידים לאורך חייהם. במובן זה תכנית הלימודים המקיפה הזו (גן-י"ב) של *המפ"ש* היא משאב לכל אנשי החינוך ובתי הספר שלהם.

לא משנה היכן אתם נמצאים בעולם, חומר זה מתאים ועומד בדרישות נבחרות של מיומנויות שפה, חינוך לבריאות, חינוך לקריירה, וחינוך אישי, חברתי, בריאותי וכלכלי. הוא תומך בהכללה ועשוי לשמש לפיתוח מיומנויות תקשורת, חשיבה, למידה חברתית ורגשית, הכוללים קבלת החלטות, ניהול עצמי, מערכות יחסים בריאות ורווחה אישית. הוא עשוי לשמש גם לפיתוח מיומנויות של אחריות אישית וחברתית, הכוללות זהות אישית ותרבותית חיובית, מודעות ואחריות אישית, בריאות רוחנית, כמו גם אחריות חברתית.

תלמידים בכל מקום יכולים לגלות את המדריך הפנימי, המכונה גם פשוט שכל ישר או חכמה. הם הופכים מודעים יותר ויותר ולוקחים אחריות על המחשבות והפעולות שלהם המשפיעות על הפוטנציאל האינטלקטואלי, היצירתי, החברתי, הרגשי והפיזי שלהם, כמו גם בריאותם הרוחנית. גישה לחכמה פנימית טבעית מייצרת שמחה, אהבה, חמלה ועוצמה אישית המובילים להצלחה אקדמית. העקרונות שעליהם תכנית לימודים זו מבוססת הם המפתח לבריאות נפשית מולדת המאופיינת באופטימיות, חוסן נפשי, ורווחה אישית.

הבנת עקרונות אלה למעשה תומכת ומגבירה את רווחתם, יעילותם והביטחון העצמי של הלומדים; משפרת את יכולתם לווסת את עצמם, להציב מטרות, ולוקחת אחריות על בחירותיהם ופעולותיהם. עם הבנה, התלמידים הופכים ללומדים סבלניים לאורך זמן, מתמידים במצבים קשים כדי לתפור בעיות ברוגע ומבינים את ההיגיון של האופן בו משפיעות פעולותיהם על עצמם ועל אחרים.

מטרות *המפ"ש*

העקרונות הנידונים בתכנית הלימודים של *המפ"ש* פועלים בכל בני האדם, כולל תלמידים בכל הגילאים. תכנית הלימודים מגן עד י"ב, מצביעה על הדרך לשלמות, לאושר, יצירתיות ורווחה אישית בכל חלקי החיים.

לפיכך, כל השיעורים בספרים I, II, ו-III של *המפ"ש* חולקים שתי מטרות אקדמיות מתאימות בכל העולם: **(1) טיפוח רווחה נפשית אישית מתוך הבנת עקרונות אלה; (2) פיתוח מיומנויות תקשורת, חשיבה ואחריות אישית וחברתית.**

גילוי המדריך הפנימי שלנו, המפתח ללמידה, משפר את היכולת לקבל החלטות, לנווט בחיים ולבנות מערכות יחסים בריאות. **גישה לחכמה טבעית זו תשפיע על רווחה נפשית, על בריאות רוחנית, על אחריות אישית וחברתית ועל זהות אישית ותרבותית חיובית. למידה חברתית-רגשית, כולל נחישות, ויסות עצמי ומסוגלות עצמית הם גם תוצאות טבעיות של מודעות גדולה יותר.** *המפ"ש* משיג שתי מטרות אלה על ידי שימוש בסיפורים, דיונים ופעילויות כתיבה ויצירה שונות, בזמן שהוא מקדם מיומנויות שפה, כולל מדיה דיגיטלית.

יעדי למידה חינוכיים ומיומנויות

תכנית הלימודים של המפ"ש עונה גם על דרישות נוספות אלה המשותפות לרוב מערכות בתי הספר בעולם כמפורט להלן.

- **מיומנויות שפה**

קריאה וצפייה: התלמידים ירחיבו את הידע שלהם ויישמו אסטרטגיות כדי להבין, להשוות רעיונות לידע קודם, להסיק מסקנות, להתבונן ולהגיב. התלמידים ישפרו את אוצר המילים שלהם בזמן שהם קוראים וצופים להנאתם, כדי לחקור רעיונות ולעורר יצירתיות. הם יסנתזו טקסטים כדי ליצור תובנה ויתקשרו נקודות מבט כדי להרחיב את החשיבה.

כתיבה וייצוג: התלמידים ירחיבו את מיומנויות התקשורת שלהם ויצרו טקסטים משמעותיים, כולל טקסטים חזותיים, המראים עומק מחשבה ובעלי רצף הגיוני. התלמידים ישכללו טקסטים עם אוצר מילים משופר, שפה ברורה וכללי לשון, דקדוק, איות ופיסוק נכונים. התלמידים ישתמשו ב"קול" מרתק ויציגו טקסטים במגוון דרכים.

שפה מדוברת: הקשבה ודיבור הם יסודות ללימוד שפה ולפיתוח אוצר מילים, יצירת קשרים ונקודת מבט. התלמידים ירחיבו את הידע על ידי הקשבה לאחרים וכן הבנה מה שהם בעצמם יודעים על ידי התבוננות, הבעת נקודת המבט שלהם ותקשורת באמצעות שפה מדוברת. הלומדים יתאמנו ויבצעו כדי לייצר שפה ולדון במשמעות השפה.

- **יכולות תקשורת**

התלמידים ישתפו עם אחרים בשיחה כדי לפתח הבנה ומערכות יחסים. התלמידים ישתפו פעולה בפעילויות, כולל שימוש יעיל במדיה דיגיטלית, לצורך הצגת עבודותיהם. התלמידים ירכשו ידע וישתפו את מה שהם למדו באמצעות מצגות, ניטור עצמי והערכה עצמית.

- **יעדי חינוך לבריאות, חינוך לקריירה ויעדים חינוכיים אישיים, חברתיים, בריאותיים וכלכליים**

התלמידים יגיבו בצורה הולמת לאפליות והטרדות, יגלו כבוד ויבינו מה הופך מערכת יחסים לבריאה ואיך לתחזק אותה. התלמידים יזהו מערכות יחסים תומכות, מחשבות ותחושות בריאות, ויבינו את ביטחונם האישי. התלמידים יפתחו גישה לידע התומך בהחלטות בריאות.

- **יכולות אישיות וחברתיות (למידה חברתית רגשית)**

אחריות אישית: התלמידים יכולים לצפות תוצאות של הפעולות שלהם. הם מבינים ונעשים מודעים יותר ויותר

ולוקחים אחריות על מחשבות ופעולות המשפיעות על הפוטנציאל האינטלקטואלי, היצירתי, החברתי, הרגשי והפיזי שלהם, כמו גם בריאותם הרוחנית. הם גמישים; מקבלים החלטות אחראיות לגבי המחשבות שיש לפעול עליהם, בהתבסס על הרווחה האישית שלהם ושל אחרים.

- **רווחה אישית:** באמצעות הבנת המדריך הפנימי, חכמה הפנימית טבעית או שכל ישר הנוכחים תמיד, התלמידים לוקחים אחריות הולכת וגוברת לרווחה האישית שלהם, הכוללת את ביטחונם ואושרם. התלמידים מבינים שבריאות נפשית היא מצב של רווחה אישית.

- **נחישות:** התלמידים מבינים את כלל הסיבה והתוצאה שמחשבה יוצרת הרגשה ומחשבה היא "זרע" ההתנהגות. התלמידים מטפחים חמלה, בטחון עצמי ומודעות ליכולתם האישית להתמודדות עם אתגרים. התלמידים לומדים להיות התומכים הטובים ביותר של עצמם.

- **ויסות עצמי:** התלמידים בוחרים במדריך הפנימי שלהם (החכמה הפנימית הטבעית שלהם) כדי לווסת את התנהגותם בצורה יעילה ולשלוט בדחפים שלהם. התלמידים מגלים יושר, מניעים את עצמם ועובדים להשגת הצלחה.

אחריות חברתית: התלמידים הוגנים, מעריכים נקודות מבט של אחרים ופותרים בעיות בדרכי שלום. הם מגלים אמפתיה, חמלה והבנה, ותורמים לקהילה.

- **מערכות יחסים בריאות:** התלמידים מקשיבים, משתפים פעולה ומתקשרים בצורה ברורה. הם מגלים חמלה, אמפתיה והבנה, פותרים בעיות של אחרים ברוגע, מבקשים ומציעים עזרה בעת הצורך.

- **זהות אישית ותרבותית חיובית:** התלמידים מבינים שזהותם מתפתחת ככל שהם צוברים הבנה וניסיון בחיים. הם רואים שחכמה פנימית טבעית, בשילוב עם תכונות אישיות, יכולה לעזור להם לנווט בחיים. התלמידים מזהים אנשים שיכולים לתמוך בהם וכן רואים שהם עצמם יכולים גם להציע עזרה.

יכולות חשיבה: התלמידים יפתחו מודעות לכוח **המחשבה**, שהוא תהליך החשיבה בפעולה. הם יפיקו רעיונות יצירתיים תוך חקירת רלוונטיות וחיבור לרעיונות "התמונה הגדולה". הם ילמדו שלרעיונות שלהם יש ערך. התלמידים יבינו איך לשמור על תודעה אישית צלולה כדי לאפשר למחשבות חדשות להגיח. יהיו להם הזדמנויות לפתח רעיונות חדשים, תובנות, אשר ישנו מה שהם עושים בחיים. התלמידים יבחרו לאילו מחשבות לשים לב, מה שמוביל באופן הגיוני לתוצאות רצויות.

המדריך הפנימי שלי: מדריך למורה – ספר I

משאבים נוספים

Recommended Three Principles Resources

By Sydney Banks:
Books
Second Chance (1983)
In Quest of the Pearl (1989)
The Missing Link: Reflections on Philosophy and Spirit (1998)
The Enlightened Gardener (2001)
Dear Liza (2004)
The Enlightened Gardener Revisited (2005)

CDs

Attitude!	*In Quest of the Pearl*	*Second Chance*
Great Spirit, The	*Long Beach Lectures*	*Washington Lectures*
Hawaii Lectures	*One Thought Away*	*What is Truth*

DVDs
Hawaii Lectures (1-4)
Long Beach Lectures (1-4)
Washington Lectures (1-2)
The Ultimate Answer

Books, CDs and DVDs are available through:
sydbanks.com, amazon.com or
Lone Pine Publishing: 1-800-518-3541 (US) 1-800 875 7108
(Canada) Available in the UK and Europe from
SydneyBanksProducts.com

Continued Learning for Educators

The Power of the Three Principles in Schools four-part free online professional development series for educators created by Christa Campsall and Barb Aust. This series links to Sydney Banks *Long Beach* Lectures.
www.myguideinside.com/resources

Long Beach Lectures (1-4) video series of presentations by Sydney Banks
www.sydbanks.com/longbeach/

Educators Living in the Joy of Gratitude (18 free recorded professional development programs facilitated by Kathy Marshall Emerson. These feature Barb Aust, Christa Campsall, and many other seasoned educators sharing the principles globally. Includes *MGI* curriculum orientation and official student focus group.) www.nationalresilienceresource.com/Educator-Preparation.html

Education and Three Principles Christa and Bob Campsall video presentation
www.3pgc.org/photos-videos/details/?m=1185

Seeing Beyond Behavior in Youth Webinar with Christa Campsall
https://vimeo.com/157500313

Selected Principles Publications for Educators
Aust, B. (2016). Field notes: Capturing the moment with a story. *ASCD Express*. Retrieved from
  www.ascd.org/ascd-express/vol12/1207-aust.aspx
Aust, B. (2013). *The essential curriculum: 21 ideas for developing a positive and optimistic culture.* Author.
Aust, B., & Vine, W. (2003, October). The power of voice in schools. ASCD *Classroom Leadership*, 7, 5, 8.
Campsall, C. (2005). Increasing student sense of feeling safe: The role of thought and common sense in developing social responsibility. Unpublished master's thesis. Royal Roads University, Victoria, British Columbia, Canada.
Marshall Emerson, K. (2015). "Resilience research and community practice: A view from the bridge." Paper presented to the Pathways to Resilience III, 6/19/2015, Halifax, Nova Scotia.
Marshall, K. (2005, September). Resilience in our schools: Discovering mental health and hope from the inside-out. In D. L. White, M. K. Faber, & B. C. Glenn (Eds.). *Proceedings of Persistently Safe Schools 2005*. 128-140. Washington, DC: Hamilton Fish Institute, The George Washington University for U.S. Department of Justice, Office of Juvenile Justice and Delinquency Prevention.
Marshall, K. (2004). Resilience research and practice: National Resilience Resource Center bridging the gap. In H. C. Waxman, Y. N. Padron and J. Gray (Eds.). *Educational resiliency: student, teacher, and school perspectives.* Pp. 63-84. Greenwich, CT: Information Age Publishing.
Marshall, K. (November, 1998). Reculturing systems with resilience/health realization. *Promoting positive and healthy behaviors in children: Fourteenth annual Rosalynn Carter symposium on mental health Policy*. Atlanta, GA: The Carter Center, pp. 48-58.

Websites

3 Principles Ed Talks: www.myguideinside.com.
National Resilience Resource Center: www.nationalresilienceresource.com.
Sydney Banks: www.sydneybanks.org.
Three Principles Foundation: www.threeprinciplesfoundation.org.

Instructional Materials for Pre K – 12 Learners
myguideinside.com

My Guide Inside Pre-K -12 Comprehensive Curriculum

Campsall, C. with Marshall Emerson, K. (2018). My Guide Inside, Learner Book I, Charleston, SC: Create Space Independent Publishing Platform.

Campsall, C. with Marshall Emerson, K. (2018). My Guide Inside, Teacher Manual, Book I, Charleston, SC: Create Space Independent Publishing Platform.

Campsall, C., Tucker, J. (2016). My Guide Inside, Learner Book II, Charleston, SC: Create Space Independent Publishing Platform.

Campsall, C. with Marshall Emerson, K. (2016). My Guide Inside, Teacher Manual, Book II, Charleston, SC: Create Space Independent Publishing Platform.

Campsall, C. with Marshall Emerson, K. (2017). My Guide Inside, Learner Book III, Charleston, SC: Create Space Independent Publishing Platform.

Campsall, C., with Marshall Emerson, K. (2017). My Guide Inside, Teacher Manual Book III, San Charleston, SC: Create Space Independent Publishing Platform.

Supplemental Children's Picture Book

Campsall, C., Tucker, J. (2017). *Whooo…has a Guide Inside?* Charleston, SC: Create Space Independent Publishing Platform.

המפ"ש בהקשר של מחקרים ותיאוריות עדכניות
MGI in Context of Current Research and Theory

The *MGI* comprehensive Pre-K-12 curriculum was developed to complement evidence-based approaches to effective education and foster student resilience. *MGI* theory stands on the shoulders of significant educational and other relevant researchers such as, but not limited to: Bonnie Benard, Faye Brownlie, Robert Coles, Richard Davidson, Cheryl Dweck, Jenni Donohoo, Michael Fullan, John Hattie, Ann Masten, Parker Palmer, Michael Rutter, Leyton Schnellert, George Villiant, Roger Weissberg, Emmy Werner, Steven and Sybil Wolin.

In every country there are experts dedicated to bringing out the best in students. For example, with leadership of Kathy Marshall Emerson, the National Resilience Resource Center sees every youth as *at promise* rather than as *at risk*.

MGI focuses on simple principles operating in all students. Its objectives point to the promise inside every student to: **(1)** enhance Personal Well-being, and **(2)** develop Communication, Thinking, Social Emotional Learning, and Personal and Social Responsibility competencies. These general objectives may be customized to fit specific countries, systems, schools or classrooms.

Authors Barbara Aust and Kathy Marshall Emerson, education and resilience veterans, guided *MGI* conceptual development to clarify the "fit" between *MGI* and established cutting edge global educational efforts and research. These sample resources laying out the "Big Picture" in *MGI* may be especially helpful in discovering this alignment:

- "Personal Awareness and Responsibility Competency Profiles" from British Columbia's Ministry of Education provides the basis for *MGI* learning objectives at https://curriculum.gov.bc.ca/sites/curriculum.gov.bc.ca/files/pdf/PersonalAwarenessResponsibilityCompetencyProfiles.pdf
- "Fitting in with Other Programs" at http://www.nationalresilienceresource.com/Fitting-In.html suggests how principles curriculum like *MGI* complements existing school initiatives and programs.
- "Educators Living in the Joy of Gratitude," facilitated by Kathy Marshall Emerson, includes 12 presentations by veteran educators describing learning, living and sharing the principles in schools globally for the last 40 years. Available from: https://three-principlessupermind.com/product/educators-living-in-the-joy-of-gratitude/
- *MGI* rests on an essential research base such as "References Relevant to BC's Curriculum Assessment and Transformation" at https://curriculum.gov.bc.ca/sites/curriculum.gov.bc.ca/files/pdf/references.pdf

For a deeper examination of relevant research see the selections that follow.

ADDITIONAL SCHOLARLY PUBLICATIONS

Education Research and Theory
Berk, L. (2007). *Development through the lifespan*. Boston: Allyn and Bacon.
Brownlie, F., & Schnellert, L. (2009). *It's all about thinking: Collaborating to support all learners*. Winnipeg, MB: Portage & Main Press.
Cicchetti, D., Rappaport, I., Weissberg, R. (Eds.). (2006). *The promotion of wellness in children and adolescents*. Child Welfare League of America. Washington, D.C.: CWLA Press.
Coles, R. (1990). *The spiritual life of children*. Boston: Houghton Mifflin Company.
Donohoo, J. (2016). Collective efficacy: *How educators' beliefs impact student learning*. Thousand Oaks: Corwin Press.
Dweck, C. (2006). *Mindset: The new psychology of success*. New York, NY: Random House.
Fullan, M. (2016). *Indelible leadership: Always leave them learning*. Thousand Oaks, CA: Corwin Press.
Fullan, M. (2001). *Leading in a culture of change*. San Francisco, Jossey-Bass.
Hattie, J. (2015). The applicability of visible learning to higher education. Scholarship of teaching and learning in psychology, 1(1), 79-91.
Hattie, J. (2011). *Visible learning for teachers: Maximizing impact on learning*. New York, NY: Routledge.
Hattie, J. (2009). *Visible learning: A synthesis of over 800 meta-analyses relating to achievement*. New York, NY: Routledge.
Palmer, P. (1998). *The courage to teach: Exploring the inner landscape of a teacher's life*. San Francisco: Jossey-Bass Publishing.
Reclaiming Youth International. (1990). *Circle of courage*. Retrieved from https://www.starr.org/training/youth/aboutcircleofcourage
Roehlkepartain, E., King, P., Wagener, L., & Benson, P. (Eds.). (2006). *The handbook of spiritual development in childhood and adolescence*. Thousand Oaks, CA: Sage Publications.
Schnellert, L., Widdess, N., & Watson, L. (2015). *It's all about thinking: Creating pathways for all learners in middle years*. Winnipeg, MB: Portage & Main Press.

Resilience Research and Theory
Benard, B. (2004). *Resiliency: What we have learned*. Oakland, CA: West Ed.
Benard, B. (1991). *Fostering resiliency in kids: Protective factors in the family, school, and community*. Portland, OR: Northwest Regional Educational Laboratory.
Benard, B. & Marshall, K. (1997). A framework for practice: Tapping innate resilience. *Research/Practice*, Minneapolis: University of Minnesota, Center for Applied Research and Educational Improvement, Spring, pp.9-15.
Davidson, R. J., & Begley, S. (2012). *The emotional life of your brain: How its unique patterns affect the way you think, feel and live – How you can change them*. New York: Hudson Street Press.
Marshall, K. (2004). Resilience research and practice: National Resilience Resource Center bridging the gap. In H. C. Waxman, Y. N. Padron and J. Gray (Eds.). *Educational resiliency:*

student, teacher, and school perspectives. Pp. 63-84. Greenwich, CT: Information Age Publishing.
Marshall, K. (November, 1998). Reculturing systems with resilience/health realization. *Promoting positive and healthy behaviors in children: Fourteenth annual Rosalynn Carter symposium on mental health policy*. Atlanta, GA: The Carter Center, pp. 48-58.
Masten, A. (2014). *Ordinary magic: Resilience processes in development.* New York, NY: Guilford Press.

Rutter, M. (1990). Psychosocial resilience and protective mechanisms. In D. Ciccetti, A. Masten, K. Neuchterlein, J. Rolf, & S. Weintraub (Eds.), *Risk and protective factors in the development of psychopathology* (pp.181-214). New York: Cambridge University Press.

Shapiro, S. & Carlson, L. (2009). *The art and science of mindfulness: Integrating mindfulness into psychology and the helping professions*. Washington, DC: American Psychological Association.

Sternberg, E., (2001). *The balance within: The science connecting health and emotions*. New York, NY: W.H. Freeman & Co.

Vaillant, G. (2012). *Triumphs of experience: The men of the Harvard grant study*. Cambridge: The Belknap Press of Harvard University Press.

Werner, E. & Smith, R. (2001). *Journeys from childhood to midlife: Overcoming the odds*. Ithaca, NY: Cornell University Press.

Werner, E. (2005). What can we learn about resilience from large-scale longitudinal studies? In S. Goldstein & R. Brooks (Eds.), *Handbook of resilience in children* (91-106). New York, NY: Kluwer Academic/Plenum.

Wolin, S.J. & Wolin, S. (1993). *The resilient self: How survivors of troubled families rise above adversity*. New York, NY: Villard Books.

Three Principles in Education

Aust, B. (2016). Field notes: Capturing the moment with a story. *ASCD Express*. Retrieved from www.ascd.org/ascd-express/vol12/1207-aust.aspx

Aust, B. (2013). *The essential curriculum: 21 ideas for developing a positive and optimistic culture*. Author.

Aust, B., & Vine, W. (2003, October). The power of voice in schools. *ASCD Classroom Leadership*, 7, 5, 8.

Campsall, C. (2005). Increasing student sense of feeling safe: The role of thought and common sense in developing social responsibility. Unpublished master's thesis. Royal Roads University, Victoria, British Columbia, Canada.

Marshall Emerson, K. (2015). "Resilience research and community practice: A view from the bridge." Paper presented to the Pathways to Resilience III, 6/19/2015, Halifax, Nova Scotia.

Marshall, K. (2005, September). Resilience in our schools: Discovering mental health and hope from the inside-out. In D. L. White, M. K. Faber, & B. C. Glenn (Eds.). *Proceedings of Persistently Safe Schools 2005*. 128-140. Washington, DC: Hamilton Fish Institute, The George Washington University for U.S. Department of Justice, Office of Juvenile Justice and Delinquency Prevention.

שורשי המדריך הפנימי שלי

המפ"ש הוא תוכנית הלימודים המקיפה הראשונה המבוססות על העקרונות. נשות החינוך הראשונות שהביאו בשקט את העקרונות לבתי הספר שלהן – ברברה אוסט וכריסטה קמפסול – החלו ללמוד מסידני בנקס ב-1975 בקולומביה הבריטית, בקנדה. ג'יין טאקר, מריקה מייאר ובוב קמפסול החלו גם הם ללמוד מסידני בנקס באמצע שנות ה-70 והם כולם עבדו בבתי ספר ישירות עם תלמידים לאורך שנים רבות. ב-1993, קת'י מרשל מ"המרכז למשאבים לחוסן לאומי" שילבה את העקרונות בשני מיזמי בית ספר קהילתיים שפעלו 20 שנה בארה"ב. ב-2016 הופיעה סדרת הוובינרים העולמית "אנשי חינוך חיים בחדוות הכרת התודה" שתיעדה את חוויותיהם וניסיונם בשיתוף העקרונות "בתוך בתי הספר" של אנשי חינוך ותיקים מהגיל הרך עד סוף י"ב.

תוצאות הלמידה, חיים ושיתוף העקרונות בחינוך משלימים מאמצים רבים לשנות באופן יעיל את החינוך בכל שלביו. יש עניין גדל והולך בשילוב העקרונות במערכת החינוך ברחבי העולם. על מנת שיצלחו, על מאמצים אלה לעלות בקנה אחד עם תקני תכניות הלימודים העדכניים בכל מקום. במקרים מסוימים, מאמרים מבוססי-מחקר שהתפרסמו והתקבלו ע"י מומחים מספקים את ההכוונה הטובה ביותר. לרוב המדינות קווים מניחים שקל לגשת אליהם. הנה מדגם שלהם:

American Common Core State Standards Initiative. (2017). *About the Standards*. Retrieved from www.corestandards.org.

BC Ministry of Education. (2016). Curriculum. *BC's New Curriculum*. Retrieved from www.curriculum.gov.bc.ca/curriculum-updates.

BC Ministry of Education. (2016). *Personal Awareness and Responsibility Competency Profiles*. Retrieved from https://curriculum.gov.bc.ca/sites/curriculum.gov.bc.ca/files/pdf/PersonalAwarenessResponsibilityCompetencyProfiles.pdf

"Collaborative for Academic, Social, and Emotional Learning (CASEL). (2017)." *Core SEL Competencies*. Retrieved from http://www.casel.org/core-competencies/

"Personal, Social, Health and Economic (PSHE) Education." *Gov.UK*. Retrieved from http://www.gov.uk

"Promoting Fundamental British Values as part of SMSC in Schools" (2014). *Gov.UK*. Retrieved from http://www.gov.uk

"Secondary National Curriculum." 02 Dec. (2014). Gov.UK. Retrieved from http://www.gov. uk

United Kingdom, HM Government. (January, 2017). *Gov.UK*. The Government's Response to the Five Year Forward View for Mental Health. Retrieved from https://www.gov.uk/government/publications/five-year-forward-view-for-mental-health-government-response

United Kingdom, HM Government. (December 2017). Transforming Children and Young People's Mental Health Provision: Provision of a Green Paper. Presented to Parliament by Secretaries of Departments of Health and for Education from https://www.gov.uk/government/uploads/system/uploads/attachment_data/file/664855/Transforming_children_and_young_people_s_mental_health_provision.pdf

תודות

לסידני בנקס היה אכפת עמוקות מצעירים. הוא ידע שאם נוכל לעזור לנוער שלנו, העולם יהיה "מקום הרבה יותר טוב." הוא היה אדם רגיל שעבר חוויה ששינתה אותו בצורה עמוקה מבפנים-החוצה. את שארית חייו, כנואם וכסופר, הוא הקדיש לשיתוף שלושת העקרונות האוניברסליים שנחשפו בפניו: תודעה, מודעות ומחשבה.

כשמורים, מנהלי בית ספר ואנשי מקצוע במקצועות מסייעים אחרים למדו את העקרונות הללו, הם דיווחו בעקביות על תוצאות חיוביות במיוחד עם בני נוער ומבוגרים בבתי ספר, מרפאות לבריאות הנפש, עסקים, בתי כלא וסוכנויות קהילתיות. העקרונות שהמפ"ש משתף מתמקדים באנשים המגלים את החכמה הפנימית הטבעית ואת הבריאות הנפשית המולדת שלהם. הבנה זו זוכה עכשיו להכרה ולכבוד בינלאומיים. כולנו יכולים להיות אסירי תודה על ההזדמנות לחקור את מסר התקווה הכה-עמוק ומשנה חיים של העקרונות.

תודה מקרב הלב לצוות אנשי המקצוע שהתנדבו במסירות ועזרו ביצירת המפ"ש I. קת'י מרשל אמרסון, שכתבה יחד איתי את הספר למורה ואת הספר לתלמיד, טום טאקר שהפיק אמנותית את העטיפה ואת העימוד וג'ו אאוקוין שיצר את גרפיקת הינשוף המיוחדת שלנו. תודה גם לפסיכיאטר ביל פטיט על המכתב האישי שכתב המביע את אמונתו שלמה שהכוונת צעירים למדריך הפנימי שלהם משקמת את בריאותם הנפשית. המנהלים בארב אוסט, ד"ר מארג' הוקינס ולורי סמית' דנו באדיבות על חיים מתוך העקרונות בתכניות לגיל הרך.

אני אסירת תודה במיוחד לסופרת, מורת בית ספר יסודי והמנהלת, בארב אוסט, אשר כבר למעלה מארבעים שנה רואה את העקרונות מוציאים את המיטב מתלמידים ומורים. היא וקאתי קראו לעומק את סדרת המפ"ש וסיפקו קשרים חשובים בין העקרונות, הנחיות לתכניות לימודים ומחקרים מבוססים בנושאי חינוך, חוסן נפשי ותחומים נלווים. קאתי עודדה אותי במיוחד לצאת לדרך למשימה זו.

בעלי בוב קמפסול תרם תובנות ועודד אותי בכל צעד ושעל. בננו, מייקל, יצר את האתר הנלווה עבור המפ"ש. ארבעת הנכדים שלנו סקרו את הסיפורים ובחרו את גופן ההדפסה והתמונות לספר התלמיד I. לכל הילדים, הנוער והמבוגרים שהציעו את הצעותיהם והערותיהם לאורך כל הדרך והניעו הלאה את המפ"ש, תודה רבה רבה!

- המחברת

סקירה כללית של תכנית הלימודים המקיפה של המדריך הפנימי שלי

אודות המחברות

כריסטה קמפסול (מימין) היא חלוצה בהבאת שלושת העקרונות לחינוך א׳-י״ב. מאז 1975, הם מהווים את הבסיס לעבודתה כמורה בכיתה, כמורה לחינוך מיוחד וכמדריכת מורים. כריסטה קיבלה הדרכה מסידני בנקס לאורך שנות הקריירה שלה והוא הסמיך ללמד את שלושת העקרונות. היא בעלת BEd ו-DiplSpEdמאוניברסיטת קולומביה הבריטית ו-MA מאוניברסיטת רויאל רודס. היא ובעלה גרים בסולט ספרינג איילנד, קולומביה הבריטית.

קת׳י מרשל אמרסון (משמאל) היא מייסדת ומנהלת ״מרכז משאבים לחוסן לאומי״, המנחה הכשרות מבוססות על שלושת העקרונות לשינויים מערכתיים בבתי ספר ובקהילות. סדרת הוובינרים המקוונת החינמית שלה ״מחנכים חיים בשמחת הכרת הטוב״ זמינה ברחבי העולם. הסדרה מציגה תוצאות של מחנכים ותיקים בינלאומיים המשתפים את העקרונות במשך למעלה מארבעים שנה בכיתות, בסדנאות בית ספריות ובהשתלמויות סטודנטים. היא בעלת תואר שני מאוניברסיטת דרום קליפורניה וחברת סגל משלים באוניברסיטת מינסוטה.

המפ״ש הוא תכנית לימודים מקיפה הכוללת 3 חלקים, מגן הילדים עד י״ב, שהינה מבוססת סיפורים ומכסה תכנים מותאמים לרמת ההתפתחות, בתהליך למידה מתמשך המשתרע לאורך כל שנות בית הספר. כמורים, אתם בוחרים את רמת *המפ״ש* המתאימה לתלמידיכם במסגרת החינוכית הספציפית שלכם: ספר I (מבוא, יסודי) ספר II (המשך, ביניים), ספר III (מתקדם, תיכון). בעזרת תכנית לימודים מקיפה זו, מנהלי בתי הספר יוכלו ליישם תכנית הדרכה רציפה לשיתוף שלושת העקרונות עם תלמידים תוך כדי שהם מתקדמים במסלול הלימודים.

מטרות המדריך שלי בפנים (ספר I): העקרונות הנדונים בספר התלמיד הזה פועלים בכל האנשים, כולל כל תלמיד ותלמידה. תכנית הלימודים של המדריך הפנימי I מצביעה על הדרך לשלמות נפשית, אושר, יצירתיות ורווחה בכל חלקי החיים. לפיכך, *למדריך הפנימי שלי* שתי מטרות אקדמיות גלובליות: (1) טיפוח רווחה נפשית אישית מתוך הבנת עקרונות אלה; (2) פיתוח מיומנויות תקשורת, חשיבה ואחריות אישית וחברתית. *המפ״ש* משיג שתי מטרות אלה באמצעות סיפורים, דיונים ופעילויות כתיבה ויצירה שונות, תוך כדי שהוא מקדם מיומנויות שפה ומיומנויות במספר תחומים נוספים.

גילוי המדריך הפנימי הוא המפתח ללמידה, והוא משפר את יכולתם של הילדים לקבל החלטות, לנווט בחיים ולבנות מערכות יחסים בריאות. גישה לחכמה טבעית זו משפיעה על רווחה נפשית ורוחנית, על אחריות אישית וחברתית, ועל זהות אישית ותרבותית חיובית. למידה חברתית-רגשית, כולל נחישות, ויסות עצמי, ויעילות עצמית, הם גם תוצאות טבעיות של מודעות גבוהה יותר לחכמה הפנימית/"המדריך פנימי".

מדריך למורה זה מלווה את *המפ״ש*: ספר לתלמיד I. הספר לתלמיד, תחת כותרת אחרת, מציע דרך פשוטה ומלאת תקווה לתלמידים להתוודע לאופן בו הם פועלים מנטלית מבפנים-אל-החוץ. הבנה זו ממקסמת את הרווחה האישית ומשפרת את האקלים הבית-ספרי, התנהגות הלומדים וביצועים אקדמיים.

מדריך המורים המלווה את ספר I *מכיל מערכי שעור*, דפי הערכה "לפני" ו"אחרי", פעילויות, מדדי הערכה ומשאבים משמעותיים. אנו מציגים עקרונות אוניברסליים ההופכים תכנית לימודים זו לבעלת ערך בכל רחבי העולם. בנוסף אנו מתייחסים להנחיות תכניות הלימודים מקנדה, בריטניה וארצות הברית.

- המקור האנגלי של *מדריך הפנימי שלי* עונה על דרישות נבחרות של כישורי שפה באנגלית, חינוך לבריאות אישית, חינוך לקריירה וחינוך לבריאות חברתית וכלכלית.
- *המפ"ש* תומך בהכללה ומפתח מיומנויות תקשורת, למידה רגשית חברתית, מודעות לרווחה אישית, אחריות חברתית וכישורי חשיבה.

המפ"ש מתאים לתלמידים בכל כיתת בי"ס יסודי, תלמידים מבוגרים יותר בתכנית מותאמת אישית, תלמידים בחינוך ביתי, לומדים בהכוונה עצמית הלומדים באופן עצמאי, תלמידים בשעורים פרטיים, במצבי יעוץ או אמון אישיים ובדיונים עם ההורים. רמת הקריאה קלה מאד. גיל ההשתתפות האידיאלי הוא 4-8, בדרך כלל רמת בי"ס יסודי. במדריך תמצאו גם דיון בהקשר לגיל הרך. והכי חשוב, תכנית לימודים מקיפה זו מציעה מסגרת גמישה להתאמה ולשינוי כך שתתאים להבנת העקרונות של כל מורה וצרכי התלמידים.

תוכלו למצוא את המדריך האישי שלי (אנגלית) ב:myguideinside.com

מה אומרים אנשי מקצוע על המדריך הפנימי שלי

"אני אוהבת את הסיפורים של *המפ"ש* ואני חושבת שמורים יכולים לקרוא ולדון בהם. אוצר המילים העקבי מגן עד כיתה ג' הוא שימושי, כך שילדים יכולים להמשיך להשתמש במיומנויות שהם לומדים מכיתה לכיתה בזמן שהם עוברים ממורה אחד למשנהו. אני ממליצה בחום להוסיף את התוכנית שלכם לאזורי הרגולציה של בתי הספר לילדים צעירים."

לינדה בקרמן, מורה ביסודי, ונקובר, קולומביה הבריטית, קנדה

"הורים ומורים כאחד ימצאו שזה משאב מועיל בעבודה עם ילדים ונוער כדי למצוא את החכמה הטמונה בכל אחד מהם, ולפתח אסטרטגיות לפתרון בעיות בעזרת המדריך המיוחד שלהם."

קלדה לוגן
מנהלת, סולט ספרינג איילנד, קולומביה הבריטית, קנדה

"סיפורים אותנטיים אלה הם פשוטים ועם זאת עמוקים, ויש להם יכולת להוביל את התלמידים למדריך הפנימי שלהם."

ברב אוסט, *BEd, MEd*, מנהלת, יועצת חינוכית וסופרת,
סולט ספרינג איילנד, קולומוביה הבריטית, קנדה.

"היה לי מזל מדהים להכיר באופן אישי את סידני בנקס, וגדלתי מוקפת בהבנת שלושת העקרונות, שנשארה בלב הגישה שלי כמחנכת. הייתי מורה בבתי ספר בשכונות עוני בבלטימור, מיאמי והברונקס למעלה מ- 12 שנים. בעזרת הבנה פשוטה זו, תלמידים יכולים להחליט כיצד הם רוצים לחוות את החיים באמצעות ההתייחסות שלהם למחשבות האישיות שלהם. ראיתי תלמידים אגרסיביים הופכים למשכני שלום, ילדים ביישניים וחסרי ביטחון הופכים למנהיגים בטוחים, ואת רמת המודעות והאמפטיה עולה בתוך בית הספר כולו. אני שמחה ונרגשת למחשבה שילדים רבים יראו ויחוו תכנית לימודים זו. להבנה זו יש כוח לשנות את החינוך ואת החוויה הבית ספרית בקנה מידה עולמי!"

כריסטינה ג. פוקיו, מורה מנחה/מאמנת, ברונקס, ניו-יורק

"***המפ"ש*** מביא ילדים ונוער במגע עם חכמתם שלהם. כריסטה מזכירה לקוראים את כוח החשיבה שלנו ותומכת בנו בתרגול 'ידיעה' באמצעות הקשבה. המארג היפהפה של הסיפורים עוזר לקוראים 'לחשוב ולראות בצרה ברורה'. ספר זה הוא משאב יוצא דופן... מתנה לכל אחד מאיתנו."

ניה וויליאמס, מ.א.
יועצת הדרכה, איי המפרץ, קולומביה הבריטית, קנדה

"כמורה עם ניסיון רב שנים בעבודה עם ילדים ונוער, כולל ילדים בסיכון גבוה, שמסיבות רבות לא צלחו במערכת החינוך, אני מקדמת בברכה תכנית לימודים מעוררת השראה זו בהערכה ובכבוד. סוף סוף, הנה לפנינו שיחה מסוג אחר זמינה לבתי הספר - כזו שמלמדת דרך פשוטה ולעניין להבטחת יציבות רגשית ומצבי נפש בריאים. זה החלק החסר שמערכת החינוך כל כך זקוקה לו."

סו פאנקייביץ', תואר ראשון, *PGCE*
מורה בכירה לשעבר לחינוך מיוחד, יועצת חינוכית, קולצ'סטר, בריטניה

"כמנהל במשך למעלה משלושים שנה, לעיתים קרובות הייתי עד ממקור ראשון למאבקים חסרי המנוחה של ילדים ונוער רבים כשהם מתחילים להרגיש בנוח בתוך עורם. תכנית הלימודים הישירה, הפשוטה אך העמוקה של כריסטה עוזרת למורים להפנות בני נוער לכיוון שאחר, למדריך הפנימי שלהם, למהות שלהם לחכמה שלהם. הייתי ממליץ על המדריך הזה למורים כמקור תמיכה רב עוצמה. הוא עוזר לכולנו לזכור מי אנחנו באמת... אהבה טהורה."

פיטר אנדרסון, *Cert. Edn. Adv. Diploma* (קיימברידג),
מנחה שלושת העקרונות, מנהל, יועץ, אסקס, בריטניה

"תכנית לימודים מרכבת להפליא זו היא חובה למנהלי בתי ספר, מורים ועוזרי מורים. היא מכוונת את המחנכים והתלמידים למצב נפשי טבעי של רווחה. כל המשתתפים מקבלים הזדמנויות רבות ללמוד מתוך שמחה וגישה לשכל הישר ולחכמה המולדת בכל תחומי החיים. *המפ"ש* הוא גישה הוליסטית עם מהות האנושיות שלנו בבסיסה."

דין ריס אוונס, *MSc*
מורה, חוקר, מנחה לרווחה נפשית, מקססוויל, דרום ויילס החדשה, אוסטרליה